# 基礎から学ぶ
# スポーツの心理学

佐々木万丈
Sasaki Banjou

勁草書房

# はじめに

　本書は，著者が勤務する日本女子体育大学において，学部の学生を対象に開講している「スポーツ心理学」の講義ノートをまとめたものである。そのため，読者としては，体育やスポーツ，さらにそれらの研究領域を含む健康科学を専門に学ぶ大学生を想定している。しかし，タイトルの通り，本書では，スポーツ心理学の基礎的事項をできるだけ平易にまとめている。したがって，すでに大学等での学びを終え，学校や地域，あるいは企業などにおいて主に青少年を対象にスポーツや運動の指導にあたっている，教師，健康運動の指導者，スポーツクラブやスポーツチームのコーチ，さらには子どものスポーツ活動に興味のある保護者など，運動やスポーツに関わる多くの方々にも参考にしてもらえると考えている。また，スポーツ心理学に関わる基礎的な理論や研究知見を再確認したいと思っている大学院生にも役立ててもらえると思っている。
　本書の構成は，全7章である。第1章では，心理学そのものがどのような学問であるのか，その歴史を簡潔に振り返り，その上で現在のスポーツ心理学が何を目的とし，どのようなことが検討されているのかを整理した。第2章では，競技スポーツにおいてパフォーマンス——成績あるいは動き——に影響を及ぼす心理的要因として，特に海外では今でも多くの研究において注目されている不安を取り上げた。また，不安そのものの理解と，不安を含む様々な心理的・身体（あるいは生理）的・行動的反応が生起する過程を，心理学的ストレス研究の視点から説明した。第3章では，動機づけの理論についてまとめると共に，運動やスポーツに積極的に取り組めるようにするためのポイントを理論に基づき解説した。第4章では，運動における技術と技能を整理し，効率的に運動技

能を高めるための方法を説明した。第5章では，運動嫌いと学習性無力感，そしてバーンアウトを取り上げ，これらの関連性にもふれながら，それぞれがどのような現象を指すのか，そしてそれぞれに対してはどのように対処したら良いのかを考えた。第6章では，ジェンダーに関する基本的なことがらを整理し，その上でスポーツに関わるジェンダーの検討課題を考察した。最後の第7章では，スポーツ活動が人々の心理社会的側面に及ぼす効果について考え，どのような効果の獲得が期待できるのか，それらが人々の生活を豊かにするためのライフスキルとして形作られるためには，どのようなことに配慮されなければならないのかを考えた。

各章は，3つから5つの節によって構成されている。基本的には，その章で取り上げる事項についての概念の整理をはじめの節で行い，次の節ではそれらがスポーツ心理学ではどのように研究され，どのような知見が提出されているのかが確認されている。そして，その事項に関連する今後の検討課題や，明らかになっている知見の実践への応用などが後半の節で提案されている。読者は，以上の流れを踏まえて読み進めると，各章の理解が深まると思われる。

なお，スポーツ心理学において取り上げられている研究領域の範囲は，第1章において説明されている通り，広範囲に及ぶ。したがって，それらの内容について限られた紙数の中で何をどのように取り上げるのかを決めるのは至難であった。本書において取り上げた内容は，その中の限られた一部についてであり，どちらかといえば，著者が普段から興味関心を持っているテーマであったことは否めない。読者は，さらに広い視野からのより多くの話題提供を望むかもしれないが，そのような要望には，機会があれば，改めて応えてみたいと思う。

さて，著者が本書の原稿作成に取り組んだ2017（平成29）年春から2018（平成30）年秋までの約1年半の間，日本のスポーツ界では平昌（ピョンチャン）オリンピックにおける日本選手の活躍がみられた反面，スポーツ指導場面におけるハラスメントや競技場面における暴力が，メディアを中心に大きく取り上げられることとなった。

まず，平昌オリンピックについて言えば，日本選手の躍動と活躍は素晴らしいものであった。果たして，獲得したメダル数は本国開催であった長野大会

(1998年)の10個を超え，過去最多の13個となった。また，これは著者の個人的な感想となるが，この大会での日本選手には共通に，「明るさ」と「まなざしの強さ・鋭さ」があったように思われる。彼らのそのような表情がそのときの内面を映し出したものであったとすれば，自己効力（第3章を参照）がしっかりと自覚され，自信に基づく正確な思考と判断，そして優れた集中力の発揮，加えて，自らのパフォーマンスをピークへと導く心身のコントロールが適正に行われていたということが推察される。アスリートにとって，心理的基盤の充実がいかに重要であるかということが示されたと言える。

一方，レスリングのトップアスリートに対する指導場面で起こったハラスメントの問題は，2020年の東京オリンピック・パラリンピックの開催に向けた国民的気分の高揚に水を差す結果になったのではないだろうか。しかし，実のところ，今回のような出来事は今に始まったことではなく，スポーツ心理学に関わる検討課題としても，従来から取り上げられてきたことである。また，本書の第6章で取り上げた通り，広くとらえれば，ハラスメントの問題は国外でも同様に起こっている。ただ，国民的な議論を巻き起こした今回の出来事は，その当事者が誰もが知るまさに国内のトップアスリートであったところに，話題としての新規性があったように思われる。いずれにしても，スポーツを取り巻くこのような問題の根深さについては再認識される必要がある。そして，スポーツ心理学がその解決の一助となるためにはどうあるべきかを，読者にも是非考えてもらいたい。

最後に，本書は，勁草書房編集部，永田悠一氏の着想と，終始変わることのなかったその支えによって実現したものである。ここに心から感謝の気持ちを表する次第である。

2019（平成31）年

佐々木万丈

# 目 次

はじめに

## 第1章　心理学概説 ……………………………………………1
1. 科学としての心理学　1
2. 心理学における科学性と研究分野　5
3. スポーツ心理学　11

## 第2章　スポーツと不安，ストレス ……………………………25
1. 不安　25
2. 覚醒とパフォーマンス　28
3. ストレス　30
4. スポーツ選手の不安，ストレス　32
5. 不安，覚醒，ストレスのマネジメント　37

## 第3章　スポーツと動機づけ ……………………………………41
1. 欲求と動機づけ　41
2. 外発的動機づけと内発的動機づけ　43
3. スポーツ行動の理解と実践に役立つ動機づけの理論　44
4. 運動やスポーツへの取り組みにおける動機づけの高め方　51

## 第4章　運動技術・技能の学習 …………………………………61
1. 運動の学習・技術・技能　61
2. 運動技術の学習過程　66
3. 運動技術の効果的な練習方法　69

## 第5章　運動嫌い，学習性無力感，バーンアウト …………………81
1. 運動嫌い　81
2. 学習性無力感　87
3. バーンアウト　90
4. 運動嫌い，学習性無力感，バーンアウトへの対処　98

## 第6章　スポーツとジェンダー ……………………………………103
1. ジェンダー　103
2. スポーツとジェンダー　111
3. スポーツにおけるジェンダーに関わる検討課題　122

## 第7章　スポーツとライフスキル …………………………………129
1. スポーツ活動と効果　129
2. スポーツ活動とライフスキル　134
3. スポーツ活動による心理社会的効果とその般化　143


引用文献　155
人名索引　171
事項索引　173

# 第1章 心理学概説

　心理学とはどんな学問かを尋ねられたら，あなたはどう答えるだろうか。「人の心を理解する学問」「精神について考える学問」などが一般的な回答のように思われる。これらは間違いではない。しかし，心理学をより正確に理解するためには，もう少し説明を加える必要がある。本章では，今日の心理学がどのように生まれ発展してきたのかを確認し，心理学という学問の成り立ちを少し深く考え，その上で，スポーツ心理学の検討課題を考える。

## 1. 科学としての心理学

### (1) 哲学とこころ
　人の精神や意識は，すでに紀元前のギリシャにおいて，医学者や哲学者によって語られていた。古代ギリシャの哲学者・エンペドクレス（Empedocles，紀元前495-435頃）は，自然におけるあらゆる実体は，地（冷）・風（乾）・火（温）・水（湿）の四大元素から成ると考えた。これを受けて，医学の祖と称されるヒポクラテス（Hippokrates，紀元前460-377頃）は，四大元素の性質は人にも反映され，人の体液は血液（温）・粘液（湿）・黒胆汁（冷）・黄胆汁（乾）の4つで構成されると仮定した。その後，この考えはローマの哲学者・ガレノス（Galenos，129-201頃）に受け継がれ，四気質論（多血質，粘液質，憂うつ質，胆汁質）が生み出された。それによれば，各体液の増減によりその性質に応じた性格的特徴が現れ，血液（温）の量が多い多血質の人は快活・陽気・楽天的，粘液質（湿）の人は穏やかではあるが緩慢で愚鈍なところがあり，憂うつ質の

人は黒胆汁（冷）の影響で悲観的あるいは冷静，胆汁質の人は黄胆汁（乾）の影響により攻撃的で怒りっぽいなどと説明された。このような考え方は，以下のように現代の性格の説明に影響を及ぼしている。

アイゼンク（Eysenck, H. J., 1916-1997）は，人の性格を「内向的－外向的」と「情動的安定性－神経症傾向」の2つの特性に基づいてとらえる枠組みを提唱し，各特性の間にみられる情動に基づく行動的傾向を，ガレノスの四気質論にあてはめ4つの型に類型化した（図1-1：Eysenck, 1963；アイゼンク・ラックマン，1967）。また，アイゼンクは，内向的な人と外向的な人の運動学習に関わる実験を行い，その違いを検討することで，大脳皮質の生理学的な興奮と抑制とのバランスが向性（内向・外向）に関連することを指摘し，性格および気質を生理学的基盤に基づいてとらえようとした（コーリン，2013, p.319；ミシェルほか，2010, pp.69-71；二宮ほか，2013, p.11）。なお，性格はその人の生まれながらに備わった持続的で一貫した行動様式を意味し，人格は社会的に形成された役割的な意味を持つその人の特徴を意味するとされている。一方，気質は個人が示す情動反応の特徴を意味し，性格の基底をなす（無藤ほか，2004, pp.215-216）と考えられている。

次に，ギリシャの哲学者・プラトン（Platon, 紀元前427-347）は，魂（心）と肉体（身体）の関係について，魂は永遠不滅の超越的世界（イデアの世界）から来て肉体に宿り，肉体の死後はイデアの世界に帰り，不死のものとして存在すると考えた。プラトンによれば，魂（心）と肉体（身体）は分離していることになる。一方，その弟子であるアリストテレス（Aristoteles, 紀元前384-322）は，プラトンの理想主義的な哲学を批判的に継承し，経験的な現実主義を重視する哲学を発展させた（小林，2015, pp.43-45）。そして，魂（心）と肉体（身体）の区別はあるにしても，分離はあり得ないと主張している（コーリンほか，2013, p.40）。

やがてキリスト教が普及し，神性に対する信仰が重視されるようになると，人の心に関する探求は勢いを失うことになる。世界の知識はすでに聖典の中にあり，またその中にないことは人間の繁栄と救済にとって重要ではないと考えられた（ハラリ，2016, pp.59-61）ことなどがその理由としてあげられる。

1. 科学としての心理学　　3

図1-1　内円の部分はヒポクラテスとガレノスの4気質を表し，外円の部分は現代の性格特性に関する相関分析の結果を示している（Eysenck, 1963; アイゼンク・ラックマン, 1967）。

(2) 哲学からの独立：実験心理学の登場

　時を経て，14世紀以降のヨーロッパにおけるルネサンスの勃興や，16世紀から18世紀にかけて起こった科学革命は，精神や心，あるいは意識に関しても科学的に研究しようとする動きを生み出した。このような中，フランスの哲学者・デカルト（Descartes, 1596-1650）は，心と身体の関係について心身二元論を唱えた。それによれば，人間という存在は一種の機械である身体と非物質的な思考する精神（魂）の二元的な実存である。そして魂は脳内の松果腺にあり，松果腺において身体と魂が相互作用していると説明した。このようなデカルトの主張は，心と身体の関係を説明し記述する問題——心身問題——として，現代の心理学に大きな影響を及ぼすことになる。その後，イギリスの哲学者であり医者でもあったロック（Locke, 1632-1704）などの経験主義哲学において，

観念（対応する刺激や感覚器官の興奮が存在せずに成立する具体的なイメージや概念，思考内容などの心的事象：改田，1999）に関する議論が行われるなどした。そして19世紀後半に，科学としての心理学が登場する。

　哲学的な探究と科学的な探究の違いを簡単に説明すれば，前者は人間の心を哲学者自身の思索によって考え抜き理解しようとする試みである。一方，後者は，客観的な事実（データ）と方法に基づいて理論を作りそれを確かめる（検証する）ことを繰り返し，実証的に（証拠に基づいて）人間の心を理解しようとする試み（下山，2003, p.12）である。このような科学の方法を用いた心理学の起源は，ドイツの医師にして哲学者であり，さらに心理学者でもあったヴント（Wundt, 1832-1920）が，1879年にライプツィヒ大学（ドイツ）で開始したゼミナールであるとされている。

(3) ヴントによる実験心理学

　ヴントは，思索ではなく観察によって，人が直接経験する意識内容を正確に記述することを目標とし，実験室を設置して感覚実験を行った。例えば，色や明るさが一定に統制された光刺激をみせられた複数の被験者に，それぞれ何を感じたかを報告させた。すなわち意識的経験を内観させて，何を感じたか，何を考えたか，どのような感情を持ったかを確認し，それをデータとして個人差や共通点などを検討した。ヴントによって行われたこのような実験は，その後の心理学的実験の基準を提出することにもつながった（コーリンほか，2013, pp.34-36）。これらの取り組みは実験心理学と呼ばれ，このような科学的方法の採用により，心理学は学問として哲学から独立したと考えられている。

(4) 現代心理学への発展

　ヴント以後，科学的な探求方法を用いる心理学は，ヨーロッパならびにアメリカにおいて発展を遂げ，知覚，記憶，学習，知能などに関する多くの理論が，観察と実験によってもたらされた。一方で，これらの手法には依然として研究者による主観的な説明がみられることへの批判が高まり，より一層客観的な方法論を求める行動主義と呼ばれる研究アプローチが20世紀はじめに登場した。行動主義による方法論では，心の働きを客観的データとしてとらえるための視

点として「行動」に着目し，厳密に条件が整えられた実験室において研究が行われた。行動主義心理学は，意識などの内的な状態や過程は検証が不可能であるとする立場をとり，外的刺激に対する反応の観察が集中的に行われた。

しかし20世紀半ばを過ぎると，行動主義は心理学でありながら，心そのものを明らかにしようとしていないという批判が起こる。すなわち，知覚や認知の重要性が見直され，新たな研究アプローチとして，心のモデルを設定して認知機能を検討する認知心理学が登場した。ヴントの後，心理学は様々な視点，様々な方法によって研究領域を広げ，現在は隣接する研究領域（例えば脳神経科学）などとも関連づけられながら発展を続けている。

## 2. 心理学における科学性と研究分野

(1) 科学性

前節では，現代の心理学への歴史的経緯を簡単にたどった。ここで，心理学における科学性の意味を下山（2002）の説明に基づいて確認すると，「観察や調査，実験によって得られた客観的なデータに基づいて推論すること」である。すなわち，哲学のように，主観的な経験やそれまでに提出された知恵に基づいて思索するのではない。心理学における科学性とは，データという事実（証拠）に基づいた実証性が備わっていることである。

(2) データ収集の方法

心理学における実証性を備えたデータの収集法としては，観察，調査，および実験があげられる。以下では，これらについて簡単にまとめる（村山，2009，pp. 21-30）。

観 察

現実の世界を見聞きすることによりデータを集める方法が「観察」である。制約や条件を付けずに事象のありのままを観察する「非統制的観察」（あるいは自然的観察），観察の対象・場面・記録方法などに一定の条件を付けて行う「統制的観察」，観察する対象に操作を加える「実験的観察」，観察を観察対象

から離れて行う「非参加観察」，逆に対象の中に入り込んで行う「参加観察」などがある。観察は，自然な行動の収集が目的ならば，準備に要するコストが比較的少なくて済むが，観察結果に研究者の主観が入り込む可能性がある。そこで，観察は複数人（例えば3名）で，あらかじめ決められた共通の観察ポイント（これも先行する知見や理論に基づいたり，複数の人間による議論などを行ったりして客観的に設定する）に従って行うなどの配慮が必要となる。

調　査

　何らかの仮説に基づいて調査用紙を作成し，それを配布して体系的にデータを集める方法が「調査」である。その形態は様々に分類される。「面接調査」では，調査員が調査対象者と直接面会し，質問文を読み上げながら回答を記録していく。「配票（留め置き）調査」では，調査員が調査対象者を訪問し一定期間調査票を預け，その間に回答してもらって後日回収する。「郵送調査」は，調査票を郵送によって調査対象者に届け，回答後に郵便で返送してもらう。「託送調査」では，既存の組織に調査票の配布と回収を依頼して実施してもらい，研究者は集まった回答を後日回収する。「集合調査」は，学校，スポーツチーム（部活動），何らかの集会，授業など，一定の場所に集まった人を対象に調査票を配布し，その場で回答後に回収する。これらの他に，「電話調査」や「インターネット調査」などがある。それぞれの調査には，長所・短所があるが，いずれにおいても，研究目的に応じたデータを多数の人から集め，行動や思考などの傾向を探ったり，普遍的な特徴を明らかにしたりする場合には有効である。ただし，客観的なデータを集めるためには，一般的に調査対象者をランダム（無作為）に抽出するなどの留意が必要となる。

実　験

　一般的には少数の変数に注目し，その変数を操作し，現実がどのように変化するかを観察する方法が「実験」である。因果関係（原因と結果）を明らかにしたい場合に有効である。例えば，腹式呼吸はプレッシャーのかかる場面で選手の気持ちを安定させ，パフォーマンスの低下を防ぐのに有効かどうかを確かめたいという場合，次のような手続きをとることが考えられる。

①被験者（例えばバスケットボール選手）を数十人集め，決められた時間内（例えば3分間）にフリースローをできるだけ多く成功させるという課題に取り組ませる。
②性別，年齢，競技歴，スキルレベル，特性不安（詳細はp.26），パフォーマンスレベル，パフォーマンスに影響を及ぼすと考えられる諸要因などが均等になるように選手を分けて2つのグループを作る。
③両グループに，全く同じ内容のフリースローの練習課題を与え，それに3週間取り組んでもらう。ただし一方のグループには，フリースロー練習とあわせて指定した内容の腹式呼吸の練習もしてもらう。
④3週間後，再び3分以内にできるだけ多くのフリースローを成功させるという課題に取り組ませる。ただし，腹式呼吸を練習してもらったグループには，課題実施前に腹式呼吸を行うように指示する。
⑤両グループのフリースローの成功数を統計的に比較する。
⑥腹式呼吸を練習したグループの成功数が多ければ，その効果が確かめられたことになる。

実験では，操作する変数を独立変数（例では腹式呼吸），その変動（腹式呼吸練習の有無）によって影響され変化する変数を従属変数（フリースローの成功数）と呼ぶ。また，腹式呼吸の練習に取り組んだ側を実験群，比較のために腹式呼吸練習をしなかった側を統制群と呼ぶ。実験的研究による因果関係の証明では，実験群と統制群の成績や変化の有無・量を比較する手続きが不可欠となる。

(3) 統計法

　心理学が，私たちのより良い生き方に対して普遍的な示唆を与える——スポーツに関していえば，競技者や指導者，そしてそれをサポートする人々にとって共通の重要な心理学的知見を提供する——科学となるためには，どのようにデータを集めるかということと共に，集めたデータをいかに分析するかということが重要な意味を持つ。収集されたデータが，インタビューによる会話や，個人および集団の行動あるいは反応を観察して記述したノートなどの場合と，

明らかにしたい事柄や関連事項への属性・意見などをたずね，その回答を数値に置き換えるアンケート調査，また，感情や態度などの心理的・行動的要因について，調査対象者ひとりひとりの認識の違いを数量の違い――例えば「よくあてはまる」に5点，「まあまああてはまる」に4点，「どちらともいえない」に3点，「あまりあてはまらない」に2点，「ほとんどあてはまらない」に1点を与える――としてとらえる尺度調査，さらには実験結果から得られた数値データである場合とでは，分析方法が異なる。一般的に，インタビューや観察などから得られた情報を記述し表したデータは質的データ，アンケートや尺度，実験から得られた数値に基づくデータは量的データと呼ばれる。そして，どちらのデータを収集することが目的かによって，それぞれの研究あるいは調査は，質的研究，質的調査，量的研究，量的調査として分類される。

特に，量的データを扱う心理学研究では，データに潜んでいる情報を，哲学のような思索ではなく，各種の統計解析法が導き出す客観的な数量の差や偏り，関係の強さや影響の大きさなどによって解釈し，そこから導かれる結論を他の個人や集団へと一般化あるいは普遍化していく作業を行う。量的データによる心理学研究では，統計は結論を導くための重要なツールとなる。

心理学で主に用いられる統計を，簡単に説明すると次の通りである（村山，2009）。

記述統計

平均，標準偏差，分散，中央値，割合（パーセント），度数分布など，集団の数学的な性質の整理を目的とする統計である。

検 定

$t$ 検定，$\chi^2$（カイ二乗）検定，分散分析など，集団間のデータの平均値の差やデータ分布の偏りの違いが，誤差（偶然生じた違い）と呼べる程度のものか，めったにみられない（偶然生じたとは考えられない）違いかどうかを確かめる統計である。

相関分析および回帰分析

　収集した変数間の関係を検討する統計である。1つの変数と1つの変数の間の共変動関係の有無とその強さを分析する場合は、相関分析を用いる。例えば、スポーツに対する興味・関心と体育授業の好き嫌いとの関係を検討したいのであれば、興味・関心の強さについて「大変ある」を5点、「まあまあある」を4点、「どちらともいえない」を3点、「あまりない」を2点、「ほとんどない」を1点とし、また、好き嫌いについては「かなり好き」を5点、「どちらかといえば好き」を4点、「どちらともいえない」を3点、「どちらかといえば嫌い」を2点、「かなり嫌い」を1点とすることで、2つのデータの関係とその強さを求めることができる。

　一方で、1つの変数の変動に対する複数の変数の変動の影響力（強さと方向）を分析する場合は、重回帰分析を実施する。例えば、取り組んでいるスポーツ競技成績の高低に対して、チームメイト、コーチ、家族からの支援が、それぞれどの程度の影響力を持っているのかを明らかにしたい場合などである。

因子分析

　多変量解析の1つである。変数間に独立変数と従属変数の関係が設定されていない多くの変数がある場合、その全ての変数間の関係を分析し、変数が持っている情報をまとめて示す（情報を圧縮する）ことを目的とする統計法である。例えば、通常は意識されない潜在的な行動の決定因を探索したり、人の抱くある心理的要素（例えば競技意欲やスポーツの楽しさ）がどのような概念の複合体から成り立っていると考えられるのかなどを検討したりする場合に用いられる。

その他

　データの性質と分析の目的に応じて、共分散構造分析、クラスター分析、判別分析などの統計法がある。

　なお、質的研究による調査データの分析では、一般的には上に示したような統計法を用いた分析は行わず、グラウンデッドセオリーアプローチ（Grounded Theory Approach：略称GTA）やKJ法など、一定のルールに基づいた手続き

によってデータの持つ意味を解釈し，解釈された意味内容をカテゴリー化し，そのカテゴリー間の関係性を検討するという作業が行われる。

また，量的研究は仮説検証型，質的研究は仮説生成型の研究として分類される場合がある。

(4) 心理学の研究分野

科学としての心理学の条件や，その条件を踏まえた研究方法について簡単にまとめてきた。ここでは，現代の心理学の内容あるいは領域について説明する。図 1-2 は，心理学に関する 2 つの視点を軸に，主な研究分野を位置づけしたものである（市川，2003）。視点は，検討課題の内容が基礎的（心理に関わる事象の原理的な探求）であるか実践的（現実場面の実用的側面に着眼点を置く探求）であるかということと，主に個人に関わることか社会あるいは集団に関わることかということである。図の中の名前の後ろに「心理学」を付けると，分野名になる。また，枠で囲まれた分野は，研究者が特に多い分野である（市川，2003）。心理学の研究分野に関しては，以上の他に，例えば災害心理学や進化心理学などの比較的新しい分野も存在する。

科学的な方法を取り入れることによって哲学からの独立を果たした現代の心

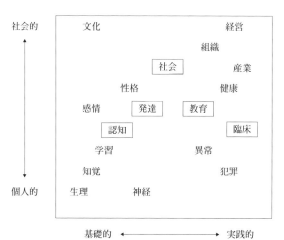

図 1-2 心理学の主な分野（市川，2003）

理学の歴史は，ようやく140年に至るところである。学問の中には，数百年あるいは千年単位の歴史を持つものがある。このことからすれば，心理学は新しい学問に位置づけられ，心を解き明かす試みはまだ始まったばかりといえる。

## 3. スポーツ心理学

(1) スポーツ心理学の定義

　表1-1は，『スポーツ心理学事典』（日本スポーツ心理学会，2008）の目次を，研究領域と大項目に絞りまとめたものである。その内容は，基礎的分野から実践的分野，そして個人から集団と，広大である。図1-2の2軸に従えば，スポーツ心理学は心理学の研究領域のほぼ全体と関わるとも言える。このように，多岐にわたる研究課題を含むスポーツ心理学であるが，学問としての定義は，国内外を通じて，統一的で明確な定義はみられない（徳永，2004）。以下に示す文章は，ヨーロッパ・スポーツ心理学会（European Federation of Sport Psychology：FEPSAC）が，そのホームページ内（http//www.fepsac.com/）に示しているスポーツ心理学の定義である（著者が翻訳）。

　　スポーツ心理学は，活動（activity）の主体である個人または複数の人々によって行われるスポーツに関連する活動の，心理的な基礎，過程，および心理的調整によって生じる活動の結果を対象として行われる。その焦点は，行動（behavior）あるいは人の行動に関わる様々な心理的側面——例えば，感情的側面，認知的側面，動機づけに関わる側面，感覚・運動の側面——にあてられる。
　　身体活動は，競技として，教育として，レクリエーションとして，予防を目的として，そしてリハビリテーションとして実施され，また，健康に関連するエクササイズを包含する。研究の対象となる人々は，様々なスポーツとエクササイズに関わる——例えば，アスリート，コーチ，組織運営者，教師，理学療法士，親，観客——すべての人々である。

　また，徳永（2004）は，国内のこれまでに指摘されてきたスポーツ心理学に

表1-1 スポーツ心理学における主な検討課題（日本スポーツ心理学会編「スポーツ心理学辞典」目次より）

| 領域・項目 | |
| --- | --- |
| スポーツ運動の発達 | ①発達の概念　②発達の理論　③発達のダイナミクス　④発達段階　⑤身体と運動の発達　⑥スポーツと認知的発達　⑦スポーツと人格的発達　⑧スポーツと社会的発達　⑨発達の研究法 |
| スポーツと運動学習 | ①運動制御　②運動学習　③認知情報処理　④技能評価・フィードバック　⑤結果・遂行の知識　⑥学習過程・練習法　⑦運動学習研究法 |
| スポーツと動機づけ | ①動機づけの概念　②スポーツへの動機づけ　③内発的動機づけ　④達成目標理論　⑤覚醒と運動パフォーマンス　⑥原因帰属　⑦運動の楽しさ　⑧運動嫌い　⑨自己と動機づけ　⑩動機づけの研究法 |
| スポーツ社会心理 | ①スポーツ集団　②集団の中の個人　③集団過程　④集団凝集性　⑤社会的アイデンティティ　⑥リーダーシップ　⑦社会性・社会的影響　⑧社会的認知　⑨社会的スキル　⑩ジェンダー　⑪社会的環境　⑫社会心理の研究法 |
| 競技の実践心理 | ①競技の心理的特質　②競技の心理的適性　③競技のピークパフォーマンス　④コーチングの心理　⑤作戦の心理　⑥試合への適応　⑦キャリアトランジション　⑧スポーツ傷害と回復における心理 |
| スポーツメンタル | ①スポーツメンタルトレーニングの概念　②心理的スキルトレーニングとトレーニング法　③心理的コンディショニング　④トレーニング効果の評価　⑤競技種目別メンタルトレーニング　⑥コーチのためのメンタルトレーニング |
| 健康スポーツの心理 | ①運動の心理的・社会的効果　②運動の身体的効果　③運動行動の決定因　④行動変容理論・モデル　⑤運動実践への介入　⑥健康施策　⑦心理的指標　⑧身体活動量の測定法 |
| スポーツ臨床 | ①スポーツカウンセリング　②スポーツ臨床の方法・見方　③心理臨床の技法　④スポーツ臨床の対象　⑤スポーツセラピー　⑥アスリートの個性化とスポーツ　⑦スポーツカウンセラーの養成，資格，研修 |

関する説明や，国際スポーツ心理学会（International Society of Sport Psychology：ISSP，公式ホームページ：http//www.issponline.org/）などの指摘を踏まえ，次のようにスポーツ心理学を定義している。

　スポーツ心理学とは，多様な目的や広範囲な年齢を対象にした運動・スポーツ行動の基礎的・応用的研究を通して，その諸現象や効用性を心理学的に分析し，運動・スポーツの実践や指導法に科学的知識を与えるスポーツ科学

および応用心理学の一分野である。

　近年は人工知能（AI）を利用した技術開発が急速に進み，またそれがインターネットとつながる——IoT（Internet of Things：モノのインターネット化）——ことで，人の生活パターンは大きく変わろうとしている。このことは，同時に，私たちがこれまでに抱いてきた様々なものや事柄に対する価値観を変えることにもつながると考えられる。このような状況もみつつ，これからのスポーツが人々の行動としてどのように新たな環境や生活様式の中に位置づけられ，また関係していくのかを思うと，スポーツ心理学の内容や方法，そして定義もさらに変遷していくのではないかと考えられる。今後は，スポーツと関連づけられる諸科学との協働による学際的な視点に基づくスポーツ心理学のあり方などが模索されなければならないのかもしれない。

## (2) 国内のスポーツ心理学の歴史的変遷

　国内におけるスポーツ心理学のこれまでの発展を考えるとき，スポーツ心理学とは別に体育心理学と呼ばれる研究領域にも触れる必要がある。以下では，両者の関係を歴史的にたどることにする。

　1924（大正13）年に国立の体育研究所が設立され，翌1925（大正14）年にその中の一部門である心理学部に松井三雄（1897-1983）が専門技手として就任する。このことが，国内での体育・スポーツに関する心理学的研究の本格的発展の始まりといわれている。その後，1941（昭和16）年に体育研究所は廃止され，世情は戦争へと突き進むことになるが，戦後の1950（昭和25）年に日本体育学会が発足する。そして11年後の1961（昭和36）年に，学会内に最初に設立された3つの専門分科会の1つとして，体育心理学専門分科会が設立された（杉原，2012）。藤田（2003）によれば，このときの体育心理学の基本的立場は，応用心理学の一領域として，教育の中に含まれる体育を心理学的にとらえることであった。

　一方，国内におけるスポーツに関する心理学的研究は，当初はスポーツの普及とともに，学校の体育授業や課外活動においてスポーツが取り上げられるようになったことから体育心理学の一分野として取り上げられていた。しかし，

1964（昭和39）年の東京オリンピック開催を契機に，また国際スポーツ心理学会の結成（1965（昭和40）年）や世界各国でのスポーツ心理学会の設立とあわせて，1973（昭和48）年に日本スポーツ心理学会が設立され（松田，1974），体育心理学からスポーツ心理学への脱皮が図られることになった（藤田，2003）。これにより，スポーツの現場と直結する心理学的研究がスポーツ心理学の内容であり方法であるとする考え方が明確になった。松田（1974）は「心理学の立場からすれば，スポーツ心理学は，教育心理学と並ぶような応用心理学の1つの領域であり，スポーツ心理学の教育への適用が体育心理学であると考えるべき」であると指摘している。

徳永（2004）は，「スポーツに関わる諸現象を心理学的に分析する」のがスポーツ心理学であると述べる一方で，今日，人々の行うスポーツ活動がレクリエーションから競技まで，幼児から高齢者まで，障がい者から健常者まで，そして初心者からプロ選手までと広範に及ぶため，スポーツ心理学は体育心理学などと重複せざるを得ないと述べている。スポーツ心理学は，スポーツや運動に取り組む，多様な人々の多用な目的に則して，その活動がより効果的に行われることを可能にさせる科学的知見を提出するという役割を負っているといえる。

(3) 近年のスポーツ心理学研究

以下では，国内外のスポーツ心理学に関わる研究について最近の5年間（2014年1月から2018年10月）を振り返り，その研究知見を概観する。取り上げる対象は実証的に行われた研究に基づく論文で，国内に関しては，日本スポーツ心理学会の研究雑誌「スポーツ心理学研究」と，日本体育学会が刊行する研究雑誌「体育学研究」を参照する。また，海外の研究論文については，国際スポーツ心理学会（ISSP）が刊行する研究雑誌 *International Journal of Sport and Exercise Psychology* に掲載された論文を参照することにする。

国　内

2014年1月から2018年10月までに，スポーツ心理学研究に掲載された論文は24編である（展望論文，学会報告等は除く）。データ収集の方法ならびに分

析方法をもとにこれらをおおまかに分類すると，質問紙調査と統計法により分析・考察が行われた研究が6編，半構造化面接——調査対象者の語りを研究の目的に応じて焦点化するためにいくつかの質問事項（リサーチ・クエスチョン）を準備し，それに答えてもらう形で行われる面接——などにより記述データを収集し，修正版グラウンデッドセオリーアプローチや KJ 法などを分析手法として行われた質的研究が7編，臨床的事例研究が2編，実験研究が9編であった．

一方，体育学研究では，質問紙調査に基づく研究が23編，実験研究が9編，指導実践と質問紙調査から得たデータを用いた研究が4編であった．面接調査や臨床的事例検討などの質的研究はみられなかった．

以下では，これら2つの研究雑誌に報告された研究（60編）のうち，検討課題が共通あるいは共通と考えられるもののいくつかを紹介する．

**バーンアウト**　雨宮・坂入（2015）は，マインドフルネス——過去や未来のことにとらわれ，反発したり判断したりせずに，心をその瞬間の自分の心身の状態に対して開き，自然に受け入れること（Anshel, 2012, p. 163；大野, 2011, p. 123；Van Raalte and Brewer, 2014, p. 87）——の理論や技法を用いた認知行動療法の効果に着目し，スポーツ競技者のマインドフルネスは直接的にバーンアウトを低下させるだけでなく，バーンアウトの原因となるアレキシサイミア傾向（感情認識が困難な状態）も低下させ，間接的にもバーンアウトを低下させると考えられることを指摘した．また，田中・杉山（2015）は，ポジティブ感情を持つことがバーンアウトとの関連が懸念される認知行動的傾向を直接低減させる効果を持つと同時に，ストレス対処行動の一つである問題の解消に直接関わろうとする行動の選択を促進させ，間接的にもバーンアウト傾向の改善に寄与することを指摘した．さらに，田中ほか（2016）は，バーンアウト発症のプロセスにおける主要な要因（中込・岸, 1991）とバーンアウト傾向との因果的関連を実証的に検討し，競技への熱中状態を維持・促進することは，バーンアウトの発症を抑えることにつながること，成績が停滞している状況での競技に対する固執は消耗感を高めバーンアウトへと向かう傾向が強まること，そして成績の停滞は直接的に消耗感を高めバーンアウトへと向かわせることを指摘

した。また，明らかになった因果的関連から，バーンアウトを回避するには，内発的動機づけを高めるための指導法を工夫することや，ストレスコーピングスキルの活用が重要であることなどを論じた。

マインドフルネスとポジティブ感情は，いずれも主体の認知的操作によって生じる心理的状態あるいは反応と言える。したがって，スポーツ場面におけるバーンアウト回避の対策の1つとしては，マインドフルネスやポジティブ感情の生起を可能にする認知行動的スキルを練習し身につけ，実践できるようにすることがあげられる。また，田中ほか（2016）の報告は，中込・岸（1991）が臨床的な事例検討から示したバーンアウト発症のプロセス（第5章・図5-4を参照）を，データに基づき実証的にも支持できることを示したと言える。一方で，中込・岸（1991）が示した発症のプロセスには，田中ほか（2016）が着目した要因以外の心理社会的要素の関連がみられる。今後は，さらに詳細にそれらの関係性を検討することが課題となるであろう。

*認知情報処理*　スポーツ競技場面あるいは運動課題の遂行場面における認知情報処理について，主に競技の熟練者と非熟練者との間の比較を実験に基づき検討した研究として，夏原ほか（2015），松竹ほか（2016），熊谷ほか（2018），および菊政・國部（2018）の報告があげられる。

夏原ほか（2015）は，サッカーの攻撃プレー場面において，選手は，フィールド内の何をどのようにみているのか（視覚探索活動），またその見方の違いを規定する選手の心理的要因は何かを，サッカー熟練者と準熟練者（いずれも大学生）との間で比較した。実験から得られたデータを分析した結果，熟練者は準熟練者よりも注視対象数が明らかに多く，限られた時間の中で広い視野を見ていることや，ボールにアプローチしパスを蹴る瞬間までの間に，ディフェンス選手と味方選手の双方の動きをより多く注視し正確にパスを出すための情報収集を行っていること，さらに，そのようなプレーの状況の理解と自らのプレーが最善になるようにするための判断に関わる知識的基盤（基準）が一貫していることなどが明らかにされた。

松竹ほか（2016）は，2つの難易度の異なる視覚刺激（選択反応課題）を，サッカー競技で高成績の経験を持つ大学生（エリート群）とサッカー経験のない

学生（ノービス群）に対して実施し，脳波（事象関連電位）を測定することで両者の中枢における経時的な情報処理の様相を比較・検討した。分析の結果，中枢の情報処理過程における刺激の分類と評価を行う処理ならびに反応の出力が，エリート群において明らかに速いことが示された。このことは，サッカーの競技場面では，複数のプレーの選択肢から瞬時に適切な判断を行い，最善のプレーを実施することが求められるため，エリート群では中枢の情報処理能力が優れていることを示す結果と考えられた。

また，熊谷ほか（2018）は，3つの難易度の異なる視覚刺激（選択反応課題）を，ハンドボールやサッカーなどに取り組む大学生（アスリート群）と過去3年以上競技スポーツを行っていない大学生（非アスリート群）に対して実施し，脳波（事象関連電位）の測定によって反応時間を，また質問紙を用いて覚醒度の主観的評価を求め，両群で比較した。分析の結果，アスリート群において中枢の認知情報処理が速く，難易度を段階的に上げた場合でも，素早い情報処理と反応を継続させていることが示唆された。一方，覚醒度の変化に違いは見られなかった。

さらに，菊政・國部（2018）は，野球の捕手がバッターの送りバントに対応して行うピッチャーへの指示に関わる状況判断と視覚探索について，捕手，野手，および非球技経験者の3者間で比較した。テスト課題は，あらかじめ作成された映像である，ノーアウト，ランナー1塁の場面で，バッターによる送りバントがピッチャーに対して行われ，その処理として1塁に送球するか2塁に送球するかのピッチャーへの指示を，実験参加者に行わせるというものであった。映像は，ランナーが2塁セーフの場合とアウトの場合の2つの内容であり，測定は，判断の正確性，判断時間，2塁がセーフかアウトかを弁別する検出力と判断基準，視線配置パターン，主に注意を向けた対象について行われた。分析の結果，捕手は野手や非球技経験者に比べて弁別力が高く的確に状況をとらえていることが示された。また捕手と野手には，誤った判断による失敗を減らすための，判断に関わる特徴的な方略のあることが明らかになった。さらに，捕手はボールのバットへのインパクト時には主にボールに注意を向け，インパクト後の判断時には投手やランナーに注意を切り替えていることが示された。

これらは，競技者のプレー中の認知情報処理について，その速さや正確さを

検討した研究であり，視覚情報の処理ならびにそれに基づく実施すべきプレーの速い選択と正確な実施が可能かどうかが，それぞれの種目の技能の優劣を規定していることを示している。また，特に，夏原ほか（2015）のプレーに関わる知識的基盤の重要性の指摘は，プレーに関わるパフォーマンススキルの練習に加え，戦略に関する知的学習の必要性を実証的に示しており注目できる。一方，これらの研究報告では，実験に参加した大学生の取り組むスポーツ種目はすべて球技種目（サッカー，ハンドボール，野球）であった。陸上競技や水泳，あるいは武道などの個人種目に取り組む競技者の視覚情報などに関わる認知情報処理とパフォーマンス成果との関連などについても，興味の持てる研究課題と思われる。

プレッシャー　心理的にプレッシャーがかかった状況における認知過程やパフォーマンスに生じる影響を検討した研究として，佐々木・関矢（2014），大久保ほか（2015），小笠ほか（2016），田中ほか（2016，2018）の報告がみられる。

　佐々木・関矢（2014）は，実験により，プレッシャー――この実験のプレッシャーは他者評価と他者比較――の下では，課題である動作――合図の後にできるだけ速く正確に的に向かって足を一歩踏み出す――の初期姿勢が前傾し，足圧の中心が前方へ移動すると共に，主要運動が始まる前に先行して生じる姿勢制御（予測的姿勢制御）として両下腿の前脛骨筋の活動と後方平均床反力ならびに後方最大床反力の増加が生じることを明らかにした。このことは，プレッシャーの影響が，主要な運動に及ぶだけでなく，その運動が生じる前の姿勢や姿勢を制御する要素に対しても及ぶことを示している。

　田中ほか（2016）は，プレッシャー下における姿勢制御の研究（佐々木・関谷，2014）が，スポーツ選手の心理的プレッシャーが原因となって生じるパフォーマンス低下のメカニズムを解明する上で重要であると指摘し，バランスディスク上での片足立ちを運動課題とするプレッシャー下での姿勢制御について検討した。実験の結果，プレッシャー下では姿勢保持に関わる下腿のヒラメ筋（後ろ側）と前脛骨筋（前側）が共に収縮していた。このような筋や関節のスティフネス（stiffness：凝り，剛性，堅さ）を高める現象は，ストレス下における脳から筋への神経伝達や運動の出力に内在するノイズによって生じるパフォー

マンスの低下を防ぐためのメカニズムによるものと考えられた。また，プレッシャーが大きくかかる試合場面において，選手の身体的な疲労が促進されることの原因には，ノイズによる姿勢の動揺を抑えるメカニズムが起動し，言わば，運動のエネルギー効率が非効率的な状況において目指すパフォーマンスが実施されるからではないかと示唆された。

一方，球技スポーツのように時間の流れに沿って刻々と局面が変化する試合の中では，選手は味方や相手の動きを見ながら，速やかにかつ正確に状況を判断し，最も効果的なプレーを選択・実行しなければならない。大久保ほか (2015) は，このような状況での時間的切迫 (time pressure：以下，TP) は，脳内の情報処理過程にどのような影響を及ぼすのかを，試合状況の変化に該当する情報刺激を操作的に設定し，その刺激に対して素早く反応することを課題（フランカー課題）とする実験を実施して検証した。TPあり条件とTPなし条件とで，脳波測定によって得られた脳の刺激評価に費やした時間や刺激評価後の反応時間，反応の正確さ（正答率）について比較した結果，反応時間はTPあり条件で速くなり，正答率は高度のTPあり条件で低下した。さらに，刺激評価はTPによって短縮する一方で，課題処理のために多くの知覚中枢の働きを動員していることが示唆された。以上のことから，球技スポーツの競技者は，TPの状況では，刺激評価を完全に終える前に課題の遂行へと移るが，知覚中枢の働きがTPに対してより多く費やされるため課題の正答率が低下する，すなわち，高いパフォーマンスの発揮が阻害されてしまうことが示唆された。

プレッシャーが個人内の認知と運動に及ぼす影響に着目した研究には，小笠ほか (2016) と田中ほか (2018) の研究もあげられる。ただし，小笠ほか (2016) では，心理的プレッシャー（競争と社会的責任）によって運動課題（ゴルフのパッティング）に関わる目標までの主観的距離が変化するのかどうか，また田中ほか (2018) では，心理的プレッシャー（報酬と他者比較）によって運動課題（ダーツ）に関わる目標のサイズが異なって見えるようになるのかどうかということ，そして両者ともにそれぞれの変化に伴ってパフォーマンスが影響を受けるのかどうかを検証するというものであった。実験の結果，小笠ほか (2016) においては，プレッシャーによる主観的な知覚量の変化は観察されなかった。その原因としては，実験において，実際の試合場面で感じるようなプ

レッシャーほどに心理的負荷を与えることができていなかったことが考えられた。また，田中ほか（2018）においても，サイズの知覚に対するプレッシャーの影響は見られず，課題遂行前のサイズ知覚とその後のパフォーマンスとの間にも関係性は認められなかった。ただし，課題遂行後のサイズ知覚では，プレッシャー下でパフォーマンスを低下させた実験参加者において的が小さく感じられていたことが判明した。また，プレッシャー下における知覚変化の要因を同時に行われた心理検査に基づいて検討した結果，特性不安の高い者ほど，課題遂行前に的を小さく知覚していることが示された。

　心理的にプレッシャーを受けながらパフォーマンスし，一定の成果を残さなければならないという場面は，スポーツ競技に取り組む者ならば誰でも経験することである。上述した5つの研究報告は，そのような状況におけるパフォーマンスや姿勢の変化と，特に視覚情報の認知の変化が，プレッシャーによって生じるものなのか，さらにその時の情報処理過程において何が起きているのかを探ろうとするものである。大久保ほか（2015）は，運動スキルのトレーニングだけでなく，認知スキルを向上させるトレーニングを確立し，競技場面におけるパフォーマンスの向上を目指す必要があると述べている。実験場面という制約はあるものの，競技場面を想定し収集されるプレッシャーと認知，そしてパフォーマンスの変化との関りを示す知見は，効果的な練習法や競技への取り組み方などを明らかにしていく上で重要な情報源として活用できる。

**動機づけ**　運動部活動に取り組む者や体育授業に取り組む児童生徒の動機づけについて検討した研究として，松井（2014），中須賀ほか（2014, 2015, 2017），高松・山口（2016）の報告があげられる。

　まず，第3章（p.51）においても触れることになるが，動機づけ雰囲気に着目した研究が，中須賀とその共同研究者によって行われている。いずれも動機づけ雰囲気（成績雰囲気，熟達雰囲気）と目標志向性（自我志向性，課題志向性）が，生徒の体育授業に関わる態度等にどのように関係しているのかを検討している。それぞれの主な結果は，以下の通りである。①成績重視の雰囲気は生徒の自我志向性を介して間接的に体育授業に対する好意的態度を強め，熟達雰囲気は直接，また生徒の課題志向性を介して，間接的に体育授業の好意的態度を

強めることに関係する（中須賀ほか，2014）。②行動の動機づけに関わるとされる結果予期（結果に対する期待）に関しては，教師によってつくられる成績重視の授業雰囲気は，直接，生徒の否定的結果予期を高め，教師のつくる熟達重視の授業雰囲気は，生徒の課題志向性を介して，肯定的結果予期を高め，一方の否定的結果予期を低減させる（中須賀ほか，2015）。③体育授業に対する満足感に関しては，男女に違いがみられる。男子では，成績重視の授業雰囲気は，生徒の自我志向性を介すことで体育授業の満足感を高めるが，目標志向性を介すことがなければ，満足感を低下させる。一方，熟達重視の雰囲気は，目標志向性を介すことなく，直接，体育授業の満足感を高める。女子の場合は，成績重視の雰囲気は，直接，体育授業の満足感を低下させ，熟達重視の雰囲気は課題志向性を介して，また直接的にも体育授業の満足感を高める（中須賀ほか，2017）。これらの研究結果からは，教師がつくりだす授業環境の，学習者の行動や授業に対する感情的態度への影響の大きさを知ることができる。今後は，見出された知見について，実践的な授業研究によって検証を行い，一般化されるかどうかを検討することが課題となる（中須賀ほか，2016，2017）。

　次に，運動部活動に取り組む高校生を対象に，部活動に対する内発的動機づけについて検討した研究が，松井（2014）と高松・山口（2016）によって提出されている。いずれも指導者の指導のあり方が部員の動機づけにどのような影響を及ぼすのかを検討課題としている。

　松井（2014）は，指導者のフィードバック行動のうち「称賛励まし」は部員との親和的関係を高め，そのことによって部活動への内発的動機づけが高まり，「無視」は親和的関係にネガティブな影響を及ぼし，その結果，内発的動機づけが低下するという関係がみられることを指摘した。また，「叱責」は直接的に内発的動機づけを低下させることが示唆された。一方，高松・山口（2016）は，スポーツ指導者のコンピテンシー（competency：能力）の概念に着目し，高校野球部に所属する生徒の，監督のコンピテンシーに対する認知が，生徒自らの有能さ，自律性，仲間との関係性に対する評価を介して，野球に対する内発的動機づけにどのように影響するのかを検討した。分析の結果，監督は部員をしっかり見ている，監督は部員の主体性を支援している，監督はプレーに対する指導をしっかり行っていると部員が認知し，自分たちは自律的に活動でき

ており，仲間同士も理解し合えているという自覚が得られている場合は，部活動に対する内発的動機づけを高く持つことができているということが示された。いずれも高校野球部の生徒を対象に行われた研究である。したがって，他の学齢期の部活動や地域におけるスポーツ指導，さらには他競技種目の場合にも同様のことがみられるのかどうかは，改めて検討される必要がある。しかし，昨今の運動部活動における顧問による体罰の問題などを考えると，これらの研究知見は，多くの運動部活動指導者において理解されるべきことであると言える。

国　外

　2014年1月から2018年10月までの間に，確認できる掲載論文数は164編であった。研究テーマは極めて多彩である。したがって，以下では第2章から第7章で考察する，不安，ストレス，動機づけ，運動学習，運動嫌い，学習性無力感，バーンアウト，ジェンダー，ライフスキルに関わる内容とは異なり，国内ではあまり取り上げられていないテーマについて触れることにする。

***ユース選手の成長に関わる心理社会的要因***　ユースの優れたスポーツ選手はその潜在的能力をどのように発展させ，またそれに関わる心理社会的要因は何かを検討した研究（Adams and Chris, 2014）が提出されている。対象となったのはユースのエリート女子サッカー選手4名（平均年齢16.74歳）であり，インタビュー調査に基づく質的（記述）データによる検討が行われた。分析の結果，サッカー選手としての成長過程に特に重要な役割を果たすのが，父親と兄，あるいは父親または兄のサッカー経験であることが示唆された。父親のサッカー経験はアドバイスやガイダンスとして役立ち，同時に，選手とコーチとの関係を強化する役割も果たしていた。一方，兄の存在は，選手としての良いモデルにも悪いモデルにもなり，ユース女子サッカー選手のその後のキャリア選択に関わる情報源となることが示唆された。また，友人は（サッカーの仲間もサッカーとは関係のない仲間も），エリート選手としての規律ある生活態度を形成する際の助けとなっていることが示唆された。そして，最終的には，選手自身が自らを律し，状況に対して自分の意志に基づいて適応的に行動できるかどうかが，サッカー選手としての能力を発展させる上での鍵になると考えられた。

*ゲーム場面のコミュニケーション*　テニスのダブルスにおいて，試合中の言葉によるコミュニケーションと言葉を用いないコミュニケーション，そして競技成績との関係が検討された（Domagoj et al., 2015）。競技成績が上位に位置する男子大学生テニス選手の，試合中の言葉によるコミュニケーション行動が観察・記録され，さらに言葉によらないコミュニケーションに対する感受性が質問紙調査により測定された。分析の結果，ゲームを落としたペアと比べ，勝利を収めたペアの言語によるコミュニケーション・レベルは高く，さらに言語ではない形で行われるコミュニケーションへの感受性も高いことが示された。特に，ゲームを落としたチームの中でも，技術的なこととは関連のない発話が多いチームに比べて，勝ったチームは感情のコントロールや動き方，また，励ましやゲーム・プランに関する発話が頻繁に行われていた。また，コミュニケーションのパターンも均質で，伝える内容が明確であり確実であった。

*サッカー審判のキャリア移行に関わる要因*　サッカーの審判154名に対し，過去を振り返る形で，審判としての経歴の変化に関係したと思われる出来事（経験）や審判としての自意識などのデータが収集・分析された（David et al., 2017）。最も共通に指摘された出来事（平均10.38件）は，審判としてより高位のリーグに移行したことであり（全体の97％），次いで，重要な試合において秀でた審判を行うことができたこと（86％），さらに重要な試合でうまいとは言えない審判をしてしまったことやジャッジ・ミスをしてしまったこと（74％）があげられた。また，経歴の変化に関わった出来事の内容・性質とその重要性の認識は，審判としての自意識の高さに関連することが示された。このようなことから，サッカー審判員の経歴の変化は動的であり，その中には熟慮と適正な対応が求められる様々な経験が含まれることが示唆された。

*称賛を表すジェスチャーの効果*　チーム・スポーツでは，言葉によらない行動が，心理的な勢い（psychological momentum）を生み出す上で重要な機能を果たす場合がある（Karin et al., 2018）。スウェーデンのもっとも競技レベルの高いハンドボール・リーグにおける18試合のシュートに関わる616場面を分析した結果，良いシュートが決まった後の選手同士のタッチが多く，良くない場合に

はタッチの少ないチームでは，その後のチーム・パフォーマンスが積極的であった。一方，良くないシュートでもタッチの回数が多いチームや，良いシュートにも関わらずタッチが少ないチームでは，その後のパフォーマンスが消極的であった。これらのことから，シュート後の言葉によらないチームメイトを讃えるジャスチャーは，心理的な勢いに影響し，その後に続くプレーの良し悪しに関係することが考えられた。

　以上，本節では限られた研究知見の紹介にとどまったが，特に国外のスポーツ心理学における研究テーマの内容は多彩である。今後は国内においても，例えば，動機づけの主要な理論の主張を，各種スポーツに取り組む様々な人々を対象に検証するなど，基礎的であり，また応用的なテーマに基づく研究の発展が望まれる。

# 第2章 スポーツと不安, ストレス

「今日の試合はどうなるだろうか」「ミスなくプレイできるだろうか」。スポーツ競技に取り組む選手であれば，このようなことを何度かは考えたことがあると思う。また，納得できない審判のジャッジにより，イライラしたり，やる気をなくしてしまったりした経験もあるのではないだろうか。本章では，スポーツ心理学の主要な検討課題の1つである「不安」を取り上げ，さらにストレスにも焦点をあて，スポーツ場面ではこれらにどのように向き合っていけば良いのかを考えてみたい。

## 1. 不安

### (1) 不安とは

不安は，自分を脅かすことがこれから起こるかもしれないと漠然と感じられるときに生じる，否定的な感情を反映させた不快な気分（Anshel, 2003, p.138；生和, 1999）である。不安に似た心の状況として恐怖があげられるが，恐怖は，いま現実に起こっていること，あるいは将来確実に起こることなど，対象が明確で，そのことによって自分の身に危険が真に迫っていると認知されたときに生じると考えられている。不安と恐怖は，それぞれを生じさせる原因がはっきりしているかはっきりしていないかという点，そして危険が確実に迫っていると認識されているか否かという点で異なっている。

不安を考える上で，重要な指摘を行った心理学者の1人が，スピルバーガー（Spielberger, C.D., 1927-2013）である。スピルバーガー（Spielberger, 1966）は，

不安を「状態不安」(state anxiety) と「特性不安」(trait anxiety) に分割し，質的に異なる2つの視点からとらえることを提唱した。状態不安は，時間の経過とともに変化する一時的な不安のことである。例えば，大事な試合やレース前に生じる不安は，試合やレースが近づくにつれて徐々に強くなり，終われば消える。一方の特性不安は，それぞれの人にとって脅威と感じる様々な事柄に対して普段から抱いている不安のことである。状態不安とは異なり比較的安定した強さで意識されているため，個人の性質あるいは性格的な傾向とも考えられている。心配性と呼ばれる人は，特性不安の高い人といえる。

　図2-1は，状態不安と特性不安の関係を，スピルバーガー(1966)が示したものである。私たちは，不安を生じさせる状況の変化や出来事と遭遇すると(①)，そのことが自分にとって脅威であるかどうかを評価する(②)。脅威ではないと評価されれば，その変化や出来事は不安の原因にはならないため，その状況に応じた行動をとることができる(矢印A)。しかし，脅威と評価されると，不快な感情が生じ，同時に自律神経系のはたらきが活性化する(③)。この状況が状態不安の生起した状態である。その結果，気がかり，心配，焦り，考えの混乱などが生じたり，交感神経が優勢になって心拍数が上がったり，手のひらに汗が出てきたり，口が乾いて水が飲みたくなったりする(④)。このような認知的あるいは身体的な反応は，自分自身の中で起こった内的な状況の変化として，認知的評価へとフィードバックされる(矢印B)。一方，状態不安に対しては，これを低減させたり回避したりするための自律的な適応過程が働くと考えられる(⑤)。状態不安の生起と同時に生じた内的な変化が新たな脅威とみなされず，適応過程によって状態不安が低減したり回避できたりすれば(矢印C)，最初の外的刺激あるいはフィードバックされた内的な変化にうまく適応できたことになり，適正な行動が起こると考えられる(⑥)。しかし，適応過程がうまくいかなければ，そのことが認知的評価にフィードバックされ(矢印D)，さらにその状況が脅威と評価されると(②)，状態不安は一層強まることになる(③)。

　また，このような循環的な過程の中で，その人の性質として比較的安定している特性不安は，図2-1によれば，認知的評価に影響を及ぼす要因となる(矢印E)。すなわち，もともと不安を持ちやすい人は，多くのことを脅威として

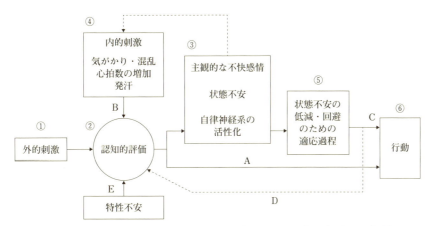

図2-1 特性不安—状態不安の概念モデル（Spielberger（1966）を元に作成）

認知的に評価するため，結果的に状態不安も強くなるといえる。私たちが様々なことに対して抱く状態不安は，特性不安の高さと認知的評価に影響されていることが図2-1から理解できる。

## (2) 競技不安

スピルバーガーによって，不安の質的違いが指摘されると，それ以後，様々な視点による不安の考え方が提案された。特に，場面特有の不安が問題となり，スポーツ競技に関しては「競技不安」（competitive anxiety）が検討されるようになった。

マーティンほか（Martens et al., 1990, pp. 117-189）は，「競技状態不安尺度」（Competitive State Anxiety Inventory-2）を作成し，競技場面の状態不安は，「認知的不安」（cognitive anxiety），「身体的不安」（somatic anxiety），そして「自信」（confidence）の3つの側面からとらえられると説明した。認知的不安とは，失敗の恐れ（失敗恐怖）やパフォーマンスに関する否定的な予期・予測，集中力の低下などのことであり，「考える」ことや「思う」ことに現れる不安の現象を指している。一方，身体的不安とは，心拍数が増える，息がつまる，手の平が汗でべとつく，お腹が落ち着かなくなるなど，身体的に自覚される反応を指している。スピルバーガーが指摘した状態不安から生じる内的刺激（図

2-1 を参照）を，認知的側面と生理的側面に区分し，それぞれを不安の構成要素に位置づけたといえる。

また，競技場面の特性不安についても検討されており，マーティンほか（Martens et al., 1990, pp. 19-63）は主に認知的側面に関する一般的な不安傾向を測定する尺度「SCAT」（Sport Competition Anxiety Test）を作成している。また，スミスほか（Smith et al., 1990）は，スポーツ競技場面の一般的な不安反応を認知的側面（心配，集中力の低下）と身体的側面の両面から測定する尺度「SAS」（sport anxiety scale）を開発している。このように，スポーツ競技場面の不安は，現在では多面的にとらえられている。

## 2. 覚醒とパフォーマンス

不安と同様に，認知や行動に影響を及ぼす生体の要因として，覚醒があげられる。覚醒とは，脳全体が活性化し目が覚めている状態である。対極にある状態が睡眠である。覚醒している場合，私たちは内外の状況に対して注意が喚起されており，その結果として適切な反応や行動が可能である。また，朝，眠りから覚めた後，私たちは徐々に活動的になっていく。すなわち，覚醒の状態には程度がある。このことを覚醒水準という。

覚醒水準とパフォーマンス（「動きそのもの」あるいは「その結果としての成果や成績」）との関係を説明する理論として，もっともよく知られているのが逆U字理論である。そのもとになったのは，ネズミを用いて電撃刺激（覚醒水準を変動させる刺激）とパフォーマンス（課題達成）の関係を検討した，ヤーキースとドットソンの実験結果である（Yerkes and Dodson, 1908）。覚醒水準とパフォーマンスの高低の関係を図に表すと，アルファベットの「U」の字を逆さまにたどった形（逆U字曲線）になるところからこの名前が付けられた（図2-2）。

低い覚醒水準は，脳の働きが活性化していないことを表している。したがって，心理的な，あるいは身体的な機能も低位のため（意欲がわかない，気分が乗らない，機敏な動きや力強い動きができない），結果的に良いパフォーマンスにはつながらない（A点）。では覚醒水準が高くなるほど，パフォーマンスも直線的に良くなるのであろうか（点線）。実際は，そうではない。覚醒水準が徐々

2. 覚醒とパフォーマンス　　29

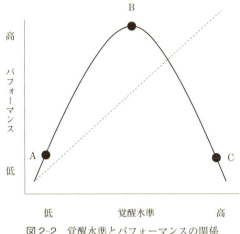

図2-2　覚醒水準とパフォーマンスの関係

に高まることで心身の機能は活性化し，その結果パフォーマンスも向上していく。しかし，さらに覚醒水準が高まったような状況，すなわち過度の興奮や緊張の状況では，冷静さを失って混乱し，あがってしまったり，動きがかたくなったりして，やはり良いパフォーマンスには結びつかない（C点）。良いパフォーマンスは（B点），それを遂行する，あるいは良好な結果を得るのにちょうどよい覚醒水準のときに可能になる（Broadhurst, 1957; Hebb, 1955; Landers and Arent, 2010）。

　なお，オクセンダイン（Oxendine, 1970）やアンシェル（Anshel, 1985）は，覚醒の変化に伴う感情を肯定的感情と否定的感情とに分類している。肯定的感情としては，楽しさ，高揚感，幸福感，リラックス，好奇心，熱意などが，また否定的な感情としては，恐怖，怒り，不安，嫉妬，困惑，嫌悪感，むかつき，退屈，激怒，動転，おびえ，心配，悲しみ，動揺・焦り，イライラなどがあげられている。

## 3. ストレス

### (1) ストレスとは

「ストレス」という言葉は，もともとは物体に外側から力が加えられたとき，その内部に生じるひずみ，あるいはその力に対する反発の意味として用いられてきた。これを，人の病気発症の説明に用いたのが，セリエ (Selye, 1956) である。セリエは，新たなホルモンの発見を目的に行ったネズミを用いた実験結果から，外的な刺激を受けたとき，生体には，その刺激が何であろうと共通に生じる反応があることを発見した。セリエは，このような外的な刺激を受けて生体が生理的に反応を生じさせる過程あるいは状態を「ストレス」と説明した。またその過程あるいは状態を，原因とそれによって生じる生体の反応（ストレス反応）とに区別し，その原因となる外的な刺激を「ストレッサー (stressor)」ということばを造って説明した。ふだん私たちが「ストレス」という言葉を使用する場合，ストレッサーとストレス反応，そしてストレス状態を混同しているのがほとんどである。例えば，「この1週間はストレスがいっぱいだった」などというとき，ストレッサーがいっぱいだったのか，ストレス反応がいっぱいだったのか，あるいはこれらを含むストレス状態が続いたのかは区別されていない。しかし，科学的にストレスを議論する場合は，原因，反応，そして過程・状態を区別する必要がある。また今日では，ストレッサーとしては，物理的ストレッサー，化学的ストレッサー，生物的ストレッサー，心理社会的ストレッサーがあるとされている。

さて，セリエが生理学的なストレス学説を提唱した後，その考え方は精神医学の分野に応用されるようになる。なかでも，ホームズとラー (Holmes and Rahe, 1967) は，病気発症の原因として人生の中で起こる非日常的な生活の変化（ライフイベント：life event）に着目し，その蓄積の程度が関係していると考えた。そして，事例をもとに病気の発症に関連すると考えられるライフイベントを抽出してリストにまとめ，その一つひとつに影響の大きさを表す得点を与えた。このリストは，「社会的再適応評価尺度」（表2-1）と呼ばれ，過去1年間に経験した生活変化をリストの中から選択し，その合計得点を求めること

## 3. ストレス

表2-1 社会的再適応評価尺度

| できごと | ストレス値 | できごと | ストレス値 |
|---|---|---|---|
| 配偶者の死 | 100 | 息子や娘が家を離れる | 29 |
| 離婚 | 73 | 配偶者の家族・親戚とのトラブル | 29 |
| 配偶者との離別 | 65 | 自分の特別の成功 | 28 |
| 拘束 | 63 | 配偶者の就職または退職 | 26 |
| 親密な家族の死 | 63 | 学校への入学または卒業 | 26 |
| 自分のけがや病気 | 53 | 生活条件の変化 | 25 |
| 結婚 | 50 | 自分自身の生活習慣の変化 | 24 |
| 失職（解雇） | 47 | 職場の上司とのトラブル | 23 |
| 結婚に関わって問題であったことの和解 | 45 | 労働時間や労働条件の変化 | 20 |
| 定年退職 | 45 | 住まいに関する変化 | 20 |
| 家族の健康上の変化 | 44 | 学校に関する変化 | 20 |
| 妊娠 | 40 | 気晴らしの仕方の変化 | 19 |
| 性的な問題 | 39 | 教会活動の変化 | 19 |
| 家族に新しいメンバーが加わること | 39 | 社会的活動の変化 | 18 |
| 職業上の変化とその変化への適応 | 39 | 100万円未満の借金や抵当 | 17 |
| 経済上の変化 | 38 | 睡眠習慣の変化 | 16 |
| 親友の死 | 37 | 同居の家族数の変化 | 15 |
| 仕事内容の変更 | 36 | 食習慣の変化 | 15 |
| 配偶者と口論する頻度の変化 | 35 | 休暇 | 13 |
| 100万円以上の借金 | 31 | クリスマス | 12 |
| 借金の抵当流れ | 30 | 軽い法律違反 | 12 |
| 仕事上の責任の変化 | 29 | | |

で，2年以内に何らかの心身の健康障害が起こる可能性を予測できると指摘した。ホームズとラーの研究は，セリエが概念化したストレッサーに「生活の中の比較的大きな出来事」をあてはめ，それによって生じるストレス反応を心理的側面にまで拡大した点で重要である。

### (2) 認知的評価理論

しかしその後，社会的再適応評価尺度に関する様々な問題点が指摘されるようになる。その1つが，非日常的な生活変化の影響の大きさが，リストの得点のように全ての人に共通と言えるのかということである。例えば，定年退職のストレス値は45点であるが，まだまだ働けると思っている人にとっては，もっと大きなストレスかもしれないし，逆に，十分に仕事をやり切り，第2の人

生段階を大いに楽しもうと考えている人にとっては，もっと低いストレス値でもおかしくない。

　では，ストレッサーに遭遇した後，どのような過程を経て人それぞれで異なるストレス状態に陥るのであろうか。このことを考える上で，日常生活の中で起こる細々とした困りごとに着目し，その「とらえ方」と「対処の仕方」の個人差に着目したのがラザルスである。ラザルスとフォルクマン（Lazarus and Folkman, 1984）は，ストレスと情動の心理的過程を説明する中で，ストレッサーによってストレス反応が生じるかどうかは，ストレッサーに対する認知的評価（cognitive appraisal）と，その後選択される対処行動（coping）によって決まると考えた。認知的評価には，まず遭遇しているストレッサーが自分にとって脅威かどうかを判断する1次評価，次に脅威とみなした場合に，①すでに害や損失が生じている，②いまはまだないが，これから害や損害がもたらされるかもしれない，③これは解決しなければならず自分にはその可能性がある，という3つの内容を選択的に評価する2次評価があると説明した。そして，ストレッサーに対する対処行動は，どのような認知的評価が行われたのかによって異なると考えた。ラザルスとフォルクマンは対処行動を，ストレッサーの解消に焦点をあてた「問題中心の対処」と，ストレッサーに対してではなく自分の気持ちをコントロールすることに焦点をあてた「情動中心の対処」の，大きく2つに分類している。問題中心の対処は，例えば「問題がどこにあるのかをよく知るためにいろいろと調べる」などである。また情動中心の対処は，「時がたてば事態は変わるだろうと考え，何もしないで，ただ黙っている」などである。ラザルスとフォルクマンによる認知的評価と対処行動に着目した考え方は，ストレスの認知的評価理論としてその後のストレス研究に大きな影響を及ぼしている。

## 4．スポーツ選手の不安，ストレス

### （1）スポーツ選手の不安

　競技状態不安に関しては，レスリング選手と体操競技選手を対象とする研究で，認知的不安と自信は試合が近づいても大きな変化はみられないが，身体的

不安は徐々に高まる（Martens et al., 1990, pp. 150-155）ことが示された。一方，高校体操競技選手と大学生ゴルフ選手を対象に行われた競技状態不安の時系列（試合1日前，2時間前，10分前）に基づく検討では，ゴルフ選手では徐々に認知的不安が低くなる傾向がみられたが，体操競技選手では逆に高くなる傾向がみられた。また，1日前の身体的不安に両者の違いはなかったが，試合が近づくと体操競技選手において顕著に高まるという変化がみられた。さらに自信については，ゴルフ選手は徐々に高まり，体操競技選手は低下した（Krane and Williams, 1987）。これらの知見からは，競技状態不安を説明する認知的不安，身体的不安，ならびに自信の変化は，試合開始までの間にそれぞれが異なって変化し，また競技種目の特性や選手の年齢によってもその様子が異なることが考えられる。

一方，競技特性不安の男女の違いや年齢による違い，また競技能力別の違いについては，様々な検討結果が提出されているため，選手の属性（性別，年齢段階，競技経験，競技レベルなど）と競技特性不安の高低との関係については，一般的な傾向を指摘することができない（Martens et al., 1990, p. 105）とされている。しかし，競技特性不安とその他の心理的要因との関連を検討した研究によれば，自分がどのようにみられているのかが気になる自意識の強い選手は，周囲の期待などの社会的プレッシャーによって，うまく体が動かなくなる，自分がいま何をしているのか分からなくなるなど，国内ではいわゆる「あがり」と呼ばれる現象が生じやすい（Wang et al., 2004）ことや，完璧を求め過ぎてしまい結果的に状況に適応できなくなるような選手は，競技特性不安が全般的に高い（Gotwals and Dunn, 2007）ことなどが指摘されている。さらに，性役割（gender role）という心理社会的視点に基づく研究（Anderson and Williams, 1987）では，男女に限らず，女性らしさを特徴として強く持つ選手は，男性らしさを特徴として強く持つ選手よりも競技特性不安が高いことが指摘されている。

スポーツ選手の不安は，特に海外では，スポーツ心理学の主要な研究テーマとして長年にわたり検討されており，その研究知見は幅広く膨大である。しかし，スポーツ選手をめぐる環境（トレーニング方法，用具，施設，ルール，指導者と選手をめぐる社会的問題，メディアとの関係など）は日々変化しているため，

不安とその生起に関わる選手を取り巻く環境との関係については継続して検討される必要がある。また同時に，国内と国外の文化差なども考慮に入れた検討が求められる。

## (2) スポーツ選手のストレス

ストレスの検討では，ストレッサー，ストレス反応，およびストレス過程あるいはストレス状態を区別し，それぞれについて，また相互の関係について考察される。以下では，スポーツ選手を対象に行われた国内の研究結果を主に概観する。

スポーツ選手のストレッサーは，競技・練習場面とそれ以外の日常生活場面の2つの側面からとらえられる。これらは，いずれも心理的，身体的，そして社会的なストレス状態を生じさせ，選手の競技パフォーマンスにネガティブな影響を及ぼす可能性がある。

表2-2は，高校生の運動部活動に焦点をあてた研究（渋倉・小泉，1999），大学生を対象に行われた研究（岡ほか，1998），そして試合や大会に出場するようなスポーツ活動を行っている20歳から49歳までの女性を対象に行われた研究（煙山・尼崎，2013）で明らかにされたストレッサーの一覧である。

いずれの調査対象でも，主なストレッサーは人間関係である。現代人のストレッサーの多くは対人関係に関わることといわれるが，それはスポーツの場面でも同様のようである。しかし，指導者との関係，仲間との関係，また競技関係者との関係は，本来，選手の支えとなり，パフォーマンス向上のための土台となるべきものである。それが主要なストレッサーと認識されている実態は，スポーツ指導の現場に大きな課題を突き付けているといえる。また，大学生では自分の経済状況や学業がストレッサーとなっている。大学生の，中学生や高校生とは異なる競技生活の困難さが示されている。一方，女性競技者のストレッサーには，いわゆるジェンダーとの関わりが深いストレッサー（セクシュアル・ハラスメント，体形，妊娠，月経など）が多くみられるのが特徴的である。

これらのストレッサーが原因で生じるストレス反応には，高校生，大学生，また女性に共通して，抑うつ，不機嫌，怒りがあげられる（煙山，2013；岡ほか，1998；渋倉・小泉，1999）。抑うつの高さには，パフォーマンスの停滞や低

## 4. スポーツ選手の不安，ストレス

表2-2 国内の高校生・大学生・成人女性のスポーツ活動場面におけるストレッサー

| 対象 | ストレッサー |
| --- | --- |
| 高校生<br>男子302名・女子178名 | ①指導者（例：意見が合わない），②練習時間（例：練習時間が長い），③競技力（例：上達しない），④怪我・病気（例：練習に出られない），⑤仲間（例：気が合わない） |
| 大学生<br>男子403名・女子136名 | ①日常・競技生活での人間関係（友人の悩み・トラブルへの関与，誤解，不和，対立など），②競技成績（目標の未達成，成績の伸び悩み，成果の非承認など），③他者からの期待やプレッシャー（先輩，後輩，指導者，親，ライバル），④自己に関する内的・社会的変化（能力，性格，適性などの内省，自信・意欲の喪失），⑤クラブ活動内容（時間の拘束，内容への不満，指導者に対する不満），⑥経済状態・学業（部活関連出費の負担，経済的困難，学業不振） |
| 成人女性<br>20歳～40歳代　300名 | ①ハラスメント・差別（競技関係者からの性的言動，飲酒・食事の強要，不要な身体接触，スポーツ参加に関する理解不足など），②競技不振・競技環境（用具・器具の不足・不備，練習場所の自由度の無さ，指導者の指導不徹底，練習場のアメニティ不備，競技力の低下・出場機会の減少，チームメイトとの不和，努力・成果の不承認），③ジェンダー（顔つきの変化，自らに対する女性らしさという視点での違和感，恋愛・結婚の困難，妊娠への影響の危惧など），④月経（月経時の不快感・体調不良，試合・大会時の月経発来），⑤体型の維持・変化（食事の制限，体重調整の困難さ，筋肉質な体形への変化など） |

注）高校生のストレッサーは運動部活動場面，大学生は日常生活と競技生活の両面，成人女性は①と②が競技に関わるストレッサー，③から⑤が日常のストレッサーである。

下，競技継続への自信の低下，指導者や仲間との人間関係の問題（岡ほか，1998；渋倉，2001），そして女性の場合には，月経の発来による痛みや不快感（煙山，2013）の影響が指摘されている。不機嫌や怒りには，人間関係上の問題や活動内容への不満（岡ほか，1998；渋倉，2001），また女性の場合は月経の他に，体型の変化なども関連している（煙山，2013）。さらに，無気力感，対人不信感，認知的混乱，引きこもり，身体的疲労などもスポーツに取り組む選手のストレス反応として見出されている。特に，女性のストレッサーとして指摘された「ハラスメント・差別」は，身体的疲労感に比較的強い影響を及ぼしている（煙山，2013）。

ところで，ストレッサーがストレス反応の生起に結びつくかどうかには，認知的評価と対処行動が関係する。したがって，スポーツ選手のストレス過程全

体を明らかにするためには，スポーツ場面のストレッサーに対する認知的評価と対処行動を検討する必要がある。渋倉・森（2002）は，高校運動部員の部活動ストレッサーに対する対処行動を分析し，「問題解決」（例：その問題について，どのような対策をとるべきかを注意深く考える），「回避」（例：自分では手におえないと考え諦める），「カタルシス」（例：誰かに愚痴を聞いてもらい気分を晴らす），「気晴らし」（例：趣味や娯楽等で気分転換を図る），「肯定的思考」（例：その経験は自分のためになると考える）の5つの対処行動を明らかにしている。さらに，部活動ストレッサーに対する認知的評価には，「挑戦」（例：この状況を克服していこうと思う），「脅威」（例：この状況は私を脅かすものだと思う），「コントロール可能性」（例：この状況の原因をなくすためにはどうすればよいかわかっていると思う）の3つの視点があることを明らかにし（渋倉ほか，2008），ストレッサーと認知的評価，そして対処行動との関係を検討した。その結果，ストレッサーを挑戦とコントロール可能性の視点からとらえる場合は，問題解決や肯定的思考など，問題中心の対処を選択することと関連が強く，脅威の視点からとらえる場合は，回避やカタルシス，気晴らしなど，情動中心の対処を選択することと関連が強いことを明らかにした。このようなストレッサーに対する認知的評価と対処行動の関係は，ラザルスとフォルクマンが理論的に示し（Lazarus and Folkman, 1984），その後，多くの研究によって検証し提出されてきた結果を支持している。

　なお，これまでのスポーツに関わるストレス関連の研究は，本章でみてきたように，「部活動」や「（いわゆる）試合や競技場面」という広い意味に基づく検討が主であり，ゲーム中やレース中のストレスに着目した研究は提出されていない。したがって，例えば，サッカーのゲーム中の怒りやイライラ（心理的ストレス反応）は，どのようなストレッサーが原因で生じるのか，そしてどのような認知的評価と対処行動がそのストレス状況を切り抜ける上で効果的かなどを明らかにすることが，今後の検討課題として残されている。

## 5. 不安，覚醒，ストレスのマネジメント

### (1) 不安のマネジメント

Anshel（2003, p.139）は，「不安は消去するのではなく，コントロールするべきものである」と述べている。すなわち，パフォーマンスと覚醒水準が逆U字の関係にあったように，ベスト・パフォーマンスの実現にはいわば適度に不安があった方が良いということである。具体的には，次のように説明できるであろう。不安が小さいかまったくなければ，状況の変化に対する注意が鈍り（いわゆる油断），安心感がパフォーマンスに対する集中を低下させ，良い結果が得られなくなる。一方，不安が大きすぎれば，自律神経のはたらきによって身体的不安が高まり，注意がそちらに向いてしまってパフォーマンスがおろそかになる可能性がある。しかし，適度な不安があれば，ミスをしないための状況の把握とパフォーマンスに対する集中を維持でき，結果的に良い成果が得られると考えられる。

表2-3は，Anshel（2003, pp.165-167）が示した，スポーツ競技において不安を選手自らがコントロールするための指針（ガイドライン）である。認知的な対処を中心に，選手の留意すべき事項が簡潔に示されている。

### (2) 覚醒水準のマネジメント

不安の変化は，これから起こるかもしれないことが，自分にとってどのように脅威であるのかによって左右される。一方，覚醒水準の変化は，自分にとって好ましい状況でも好ましくない状況でも生じる。例えば，準備が不十分な状況で試合や競技が始まろうとしているときも，予想外の勝利をおさめたときも，同じように覚醒水準は上昇する。したがって，不安のマネジメントとは，状況とパフォーマンスへの集中が途切れないレベルまで不安を引き下げることであるのに対し，覚醒のマネジメントとは，低い場合には適正な水準に引き上げ，高すぎる場合は引き下げることである。

このような覚醒の調整は，選手自身が実施する心理的スキルによって可能となる。例えば，気分を高める（覚醒水準を上げる：アクティベーション効果）た

表2-3 スポーツ選手のための不安マネジメント（Anshel, 2003：著者が要点を訳出）

| 対 処 | 説 明 |
|---|---|
| 1. 自分がコントロールできることを考える。 | 不安は自分ではどうすることもできないことへのおびえから生まれるので，自分で制御できることに注意を向ける。それによって，良いパフォーマンスのために何をどうすれば良いかが意識され，課題にすみやかに集中できるようになる。自分の強さとできることに集中し，自分の弱さとできないことは考えない。 |
| 2. 練習のときのうまくいっている動きを考える。 | 自分が取り組んできた練習のことを考える。そうすることで，うまく動くことができたときの状況を思い浮かべることができて気持ちが安定する。 |
| 3. 競技に参加するそもそもの理由は，スポーツの楽しみと面白さを経験することであると考える。 | 「競技に負けた」「満足できるプレイができなかった」ということに，必ずしも失敗が関係するとは限らない。単に，自分以上の相手と戦った結果かもしれない。忘れてはならないのは，競技の結果は自分がコントロールできるとは限らないことである。スポーツは楽しむものと考える。 |
| 4. 身体を動かす。 | 身体を動かすことには，高まった感情（不安など）を自分の中に閉じ込めるのではなく，外に吐き出す効果がある。考えや注意の方向を内向きではなく，いかにパフォーマンスすべきかなど，外向きにさせる。 |
| 5. 認知的スキルを活用する。 | イメージ技法，リラックス技法，ソートストッピング技法，ポジティブセルフトーク技法などのメンタルスキルを上手に利用する。ただし，これらはスポーツスキルと同じで，教えられ，練習して，身につくものである。これらのメンタルスキルを用いる選手は，その効果を信じ，日頃から練習すべきである。 |

注）『スポーツメンタルトレーニング教本・三訂版』（日本スポーツ心理学会，2016）では，ソートストッピング（thought-stopping）は「否定的思考の中止」と記述されている。

めには，呼息を短く行う呼吸法やポジティブな内容のセルフトークが，また，気分を鎮める（覚醒水準を下げる：リラクセーション効果）ためには，自律訓練法や漸進的筋弛緩法などが有効である。以下にはその両方を目的に，どのような場所，どのようなタイミングでもすぐに実施できる腹式呼吸法を簡単に紹介する。

腹式呼吸法とは，息を吸うときに腹部をふくらませ，吐き出すときにへこませる呼吸法である。腹部は，肺を包む肋骨の下にある横隔膜を下げることで，内臓が下側に押されるためにふくらむ。このように横隔膜が下がると，肺の深部にまで多くの空気を取り入れることが可能になる。空気の中の酸素は，脳の

5. 不安，覚醒，ストレスのマネジメント

働きに欠かすことができず，また筋肉を動かすエネルギーの生産にも必要である。したがって，腹式呼吸を実施することで，認知的には集中力を高めたり冷静に判断したりすることを可能にし，身体的には動きをよくする効果が得られる。また，呼吸は自律神経と関係しており，吸息では交感神経が，呼息では副交感神経が優位に働くようになっている。交感神経は興奮状態を，副交感神経は安静状態をつくりだすため，吸息と呼息の長さを意図的に変えることで，覚醒水準の上昇（興奮）と下降（リラックス）の調整が可能になる。

　具体的には次の通りに行う。頭の中で4つ数えながら，お腹をふくらませるように鼻から息を吸う（口は自然に閉じる）。お腹がふくらんだらそのまま息を止めて8つ数える（吸息の2倍）。息を止めるのは，肺に取り込んだ空気からできるだけ多くの酸素を吸収するためである。次に，すぼませるように口を小さく開けて細く「フー」と音がでるように，8つ数えながら息を吐く（吸息の2倍）。これを数回（5，6回）繰り返すことで，リラックス効果を得ることができる。逆にアクティベーション効果を得るためには，鼻から1，2と数えながら息を吸い，同じテンポで口からフー，フーと音が出るように強く短く息を吐く。これを数回繰り返す。また腹筋に力を入れながら呼息を行うと良い。

　このようなメンタルスキルはスポーツに必要なスキルと同様で，普段から練習を積んでおかなければ，いざというときに効果は得られない。競技スキルの練習時間の中にメンタルスキルの練習を組み込んだり，日常生活の中で気が付いたときに行ってみたりして，継続的に練習することが重要である。

(3) ストレスのマネジメント

　スポーツ場面では，パフォーマンスに影響を及ぼす心理的あるいは身体的なストレス反応をいかになくすか，またそのようなストレス反応を生じさせるストレッサーにどのように対処したら良いのかを考え実行することがストレス・マネジメントとなる。

　心理的なストレス反応としては，不安，怒り，イライラ，意欲減退，考えの混乱，集中力の低下，焦りなどがあげられる。また，身体的なストレス反応としては，心臓がドキドキする，手の平に汗をかく，腹部が落ち着かない，身体が思い通りに動かなくなるなどがあげられる。これらは，ストレス反応である

のと同時に、選手自身の内部に生じたストレッサーとしても位置付けられる。したがって、不安や覚醒水準のマネジメントで取り上げたメンタルスキルを用いることで、低減したり解消したりすることが可能である。

一方、スポーツ競技場面においてストレス反応の引き金となるストレッサーが、いつ、何がきっかけとなって現れるのかを予測することは通常不可能である。したがって、生じた状況の変化をその都度ストレッサーにしないことが、ストレス・マネジメントの主要な課題となる。この点についてはすでに見てきたように、生じている事態の自分にとってのプラスの側面を解釈する（認知的評価）ようにし、問題を解決させるのに有効な対処行動の選択に結びつけ、ストレッサーにならないようにすることが考えられる。

しかし、積極的な認知的評価と対処行動の選択が常に良い方略と言えるかといえば、実はそうではない。理由は、積極的な認知的評価と対処行動の選択と実行には、高い心理的コストがかかる場合があるからである。例えば、試合における作戦の立案において仲間と対立したとき、この状況への挑戦とコントロール可能性を高く評価し、反対意見を表明し対案を提出するという対処行動を選択したとする。この場合、普段からの人間関係にも左右されるが、もしかしたら新たな緊張や不安（受け入れられるかどうか分からないし、もしかするとこれが原因でチーム内の人間関係がぎくしゃくしてしまうかもしれない）を生じさせることも考えられる。何事にも常に前向きに取り組むことを繰り返していると、結果的にストレス状況を加算的かつ慢性的に抱えてしまうことになる。したがって、スポーツ場面のストレス・マネジメントにおいても、日常と同様に、認知的評価と対処行動を状況に応じて積極的な方向で行うか、消極的な方向で行うのかを、うまく使い分けることが重要となる。

# 第3章 スポーツと動機づけ

　苦しさに顔をゆがめながらゴールを目指す，あるいは悪天候の中，ボールを必死に追う姿などは，スポーツによく見られる光景である。また，体育の授業時間になるとわれ先に体育館や校庭に向かう子どもがいる一方で，しぶしぶ向かう子どももいる。なぜ，苦しさの中や過酷な状況でも走るのか。なぜ，授業の取り組み方が違うのか。本章では，人を運動やスポーツに仕向ける心の働きについて考える。

## 1. 欲求と動機づけ

　「～がしたい」という考えは，誰でも何かしら持っている。しかし，それをかなえるための行動が，必ず起こるとは限らない。例えば，日本人ではじめて100 mを9秒台で走った桐生選手をみた子どもが，「自分も速く走りたい」と思ってすぐに練習を始めるかといえばそうとはいえない。また，仮に練習を始めても数日で止めてしまうかもしれないし，逆に，陸上競技選手として長い経歴を歩むことになるかもしれない。このような例からは，「～をしたい」ということの取り組みには個人差があり，また様々な要因が関連していると推察される。
　「～をしたい」「～でありたい」などの気持ちは欲求と呼ばれる。私たちには様々な欲求がある。マズロー（1987, pp. 56-72）は，動機づけに関わる5つの基本的欲求を指摘し，階層的に位置付けた（図3-1）。下位の欲求は上位の欲求が成り立つ前提条件の欲求と考えられ，下位の欲求が十分に満たされると上位の

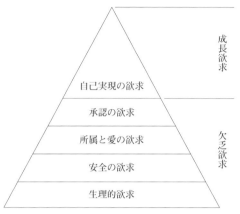

図3-1　マズローによる基本的欲求の階層

欲求が現れる（マズロー，1964, p.231）と説明された。また，生理的欲求（食べる，飲む，睡眠など），安全の欲求（安全，安定，依存，保護など），所属と愛の欲求（受け入れ，愛情，親密さなど），承認の欲求（達成，自尊心，尊敬，信望など）は，個人においてそれらが満たされていない（欠乏している）ときに現れ，外部から与えられることで解消することから，欠乏欲求と呼ばれる。一方，自己実現の欲求は，自己の充実したエネルギーを外に向けて表現し（マズロー，1964, pp.290-291），目的が満たされるとさらに欲求が高められることから，成長欲求と呼ばれる。

　このような欲求が，行動に結びつくには，誘因が必要と考えられている。誘因とは，外界に存在し，その人にとって価値や魅力を有する具体的な対象のことである。例えば，桐生選手をみて「速く走りたい」と思った子どもが練習を開始する場合，その誘因の1つには「桐生選手」あるいは「桐生選手のように速く走る人」があげられる。またこのときの目標は，「桐生選手のように自分も速く走れるようになること」である。行動は欲求と誘因の組み合わせによって生じるものであり，どちらか一方の存在だけでは喚起されない。このような欲求と誘因の関係をふまえ，動機づけは，行動する当人に何らかの欲求があり，さらにその欲求の対象となる誘因があるときに生じるといわれている。そして「行動を起こさせ，その行動を一定の目標に方向づけ，持続させる心理的エネ

ルギー」(速水, 2008) などと定義されている。

## 2. 外発的動機づけと内発的動機づけ

　動機づけは，一般的に外発的動機づけと内発的動機づけに分けて考えられる。外発的動機づけは，主体の欲求が弱かったり，なかったりする場合に，賞罰や強制，義務など，外部から誘因を強調することで行動を動機づけること（速水，2008）である。例えば，1着になったらゲームを買ってもらえるから運動会の徒競走を頑張る，部活動では監督や先輩に叱られたくないので大きい声で挨拶をする，などという場合が該当する。外発的動機づけでは，本来の行動（上の例では「走る」「挨拶する」）は，別の目的（ゲームを得る，罰を避ける）の手段として行われる。

　一方，内発的動機づけとは，主体に強い欲求が存在し，欲求を満たすための目的そのものとして行動が喚起される場合の動機づけである。例えば，休日に黙々と壁打ちテニスをする人をみかけることがある。これらの人の中には，ボールを上手に打ち返すこと自体に好奇心や興味・関心を持っている人が少なからずいると思われる。

　外発的動機づけと内発的動機づけにはそれぞれ特徴がある。外発的に動機づけられた行動は，もともと自分には欲求がないか，それほど強くない欲求に基づいている。そのため，「面倒だ」「仕方がない」「やりたくない」などの不快な気持ちや否定的な考えが伴いやすい。また，目的がなくなった時点で行動は起こらなくなる。一方，内発的動機づけの行動は「そうしたい」という欲求から生じている。したがって，「楽しい」「うれしい」などの快感情や肯定的な考えが伴いやすい。また，好奇心や興味・関心が続く限り，行動は継続される。

　ただし，もともと内発的に動機づけられていた行動に外的な報酬が与えられた場合，その報酬がなくなると内発的動機づけは低下してしまうことが実験から確かめられている（村山・松本, 2010）。このような現象は，アンダーマイニング効果と呼ばれる。内発的に動機づけられている行動を促進させるには，外的な報酬を与えるのではなく，さらに行動の価値や魅力を高める新たな目標や誘因を，主体的に設定させることが重要である。

## 3. スポーツ行動の理解と実践に役立つ動機づけの理論

### (1) 自己決定理論

　自己決定理論はデシおよびライアン（Deci and Ryan, 1985）によって提唱された理論である。デシは，内発的動機づけの中核となる欲求は，有能さへの欲求（自分の能力を発揮して目標を達成したい），自律性（自己決定）の欲求（自分の行動は自分で決めて行いたい），そして，他者との関係性の欲求（他者と関わりを持ち愛着を得たい）の3つであると主張した。そして，これら3つの欲求が充たされたときに内発的動機づけが高まると説明した。

　また，外発的動機づけには自律的な要素が含まれる場合があり，その程度によって4つの段階に分けられると指摘した（図3-2：Deci and Ryan, 2002, p. 16）。具体的には，外的な社会的価値観などを自分自身の価値観としてとらえ直し受け入れていく過程を「自己調整」と呼び（「内在化」とも呼ばれる），各段階を「外的調整」「取り入れ的調整」「同一化的調整」「統合的調整」と連続的に位置づけた。

　外的調整は自律性がもっとも低い段階で，行動に対する価値は見出されていない。すなわち，この段階の行動は，報酬を得ること（例：ほめられたい）や罰を避けること（例：叱られたくない）など，外的な理由からのみ行われている状態である。取り入れ的調整は，外的調整よりもやや自律性の程度が進んだ（価値の内在化が始まった）段階である。その行動は外的な理由に基づくが，内面に生じる罪悪感の回避（やらないとまずいから）や恥の低減（やらないと恥ずかしいから），あるいはその場限りの自尊感情を満たすなど，わずかに自分自身の理由が関連づけられている。同一化的調整は，取り入れ的調整の段階からさらに自律性の程度が進んだ段階で，外的な理由による行動ではあるが，それを行うことの重要性は受け入れられ，行動の価値の内在化が進んでいる。統合的調整は，外発的動機づけの中でもっとも自律性の程度が高い段階で，行動の価値の認識が個人の中にもとからある肯定的な価値や目標などと調和しており，依然として外的な理由に基づく行動ではあるが，自ら望んで選択し行っている状態である。

## 3. スポーツ行動の理解と実践に役立つ動機づけの理論

| 動機づけの型 | 無動機づけ | 外発的動機づけ | | | | 内発的動機づけ |
|---|---|---|---|---|---|---|
| 調整の型 | 調整なし | 外的調整 | 取り入れ的調整 | 同一化的調整 | 統合的調整 | 内発的調整 |
| 行動の質 | 非自己決定 | | | | | 自己決定 |

図3-2 動機づけの型と調整の型の自己決定に基づく連続体（Deci and Ryan, 2002）

なお，外発的動機づけの統合的調整の段階は，内発的動機づけへの移行の段階ではない。あくまでも外発的動機づけでは行動が手段として行われているのであり，内発的動機づけによる行動がそれを行うことそのものを目的としていることとは，動機づけの源泉そのものが異なる（外山，2011，p.81）と考えられている。

### (2) アトキンソンの理論

アトキンソン（Atkinson, 1978）は，達成行動を決定する要因の関係が数学的に説明できることを示している。それによれば，目標を達成しようとする行動の傾向（$T_A$: tendency to achieve success）は，成功したいという動機（$M_S$: motive to achieve success：成功動機と呼ぶ）の強さと失敗を避けたいという動機（$M_{AF}$: motive to avoid failure：失敗回避動機と呼ぶ）の強さの合成的傾向と，過去の経験に基づく成功の主観的確率 $P_S$（subjective probability of success）および失敗の主観的確率 $P_f$（subjective probability of failure）との積によって求められる（下式）。

$$T_A = (M_S - M_{AF}) \times (P_S \times P_f) = (M_S - M_{AF}) \times [P_S \times (1 - P_S)]$$
$$= 動機 \times 期待 \times 価値$$

確率は $P_S + P_f = 1$ であるから，$P_f = 1 - P_S$ と表される。ここで，$P_S$ が高く $P_f$ が低い場合，このような目標（課題）は簡単な目標であることを意味する。逆に $P_S$ が低く $P_f$ が高い場合は困難な目標となる。すなわち，成功が期待でき失

敗することはないと予測される容易な目標は価値としては低く，逆に，成功が期待できず失敗が予測される困難な目標は価値としては高くなる。このことから，達成行動の傾向は，成功動機と失敗回避動機のどちらが強いか（あるいは同じか）ということと，目標に対して抱く期待と価値の関係（逆比例）によって導かれることになる。ここで重要なことは，達成行動は，単に動機（欲求とほぼ同じ概念：速水，2008）の強さだけで決まるのではなく，目標達成の可能性に対する期待と価値の「認知」が関係しているということである。

### (3) ワイナーの原因帰属理論

　アトキンソンの理論は「期待×価値モデル」（期待価値理論とも呼ばれる）の代表的なものとされているが，ワイナーら（Weiner et al., 1971）はその期待と価値がどのように生じるのかを，結果に対する原因のとらえ方（認知）の違いという視点から説明した。それが原因帰属理論である。

　達成に向けて取り組んだ課題の結果は，大きくは成功と失敗に分けられる。ワイナーとククラ（Weiner and Kukla, 1970）は，その結果の原因として能力・努力・課題の困難度・運の4つが考えられることを提案した。そしてこれらの帰属因を2つの視点から分類した（表3-1）。第1の視点は「統制の位置」と呼ばれ，その原因が物理的に課題遂行者の内部にあるのか，それとも外部にあるのかという視点である。能力と努力は内部，課題の困難度と運は外部の帰属因に分類される。第2の視点は「安定性」で，時間の経過に伴い変化しやすいかどうかという視点である。努力は自分の意志で変えられる。また運はその時々でどうなるかが分からないように変わる。一方，能力は簡単に変えられるものではない。また，ある課題を達成することの難しさは，それに取り組む本人の能力が変わるか，課題そのものを変えるかしなければ，変化することはない。したがって，努力と運は変化しやすい帰属因，能力と課題の困難度は変化しにくい帰属因となる。

　さらにワイナーは，後続の行動に対する「期待」の大小は安定性の次元の影響を受け，「感情」（ワイナーは「価値」を「誇り」と「恥」の感情に置き換えて説明した：宮本・奈須，1995）の強弱は統制の位置（内部・外部）の次元の影響を受けると説明した（図3-3）。例えば，目標記録を達成できなかった選手が，そ

表 3-1 達成行動において認知される原因の分類
(Weiner, 1972; 宮本・奈須, 1995, p.54)

| 安定性 | 統制の位置 | |
|---|---|---|
| | 内 的 | 外 的 |
| 安 定 | 能 力 | 課題の困難度 |
| 不安定 | 努 力 | 運 |

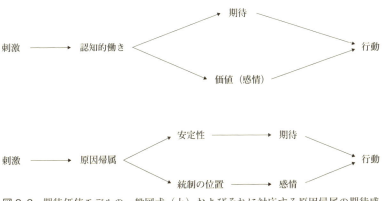

図 3-3 期待価値モデルの一般図式（上）およびそれに対応する原因帰属の期待感情関連図式（下）

の原因を能力（安定）に帰属させれば，「能力は簡単に変えられない」という認知につながり次への期待は高まらない。しかし，努力（不安定）に帰属させれば「努力が足りなかったのだから，もっと努力すれば目標に近づける」と期待は高まると考えられる。また「恥」の感情に着目すれば，能力（内的）への帰属は「力不足だ。恥ずかしい」と恥の感情を強め，誇りは低下する。一方で，運（外的）に帰属させれば「たまたまこの結果なのであり，自分の力とは無関係だ」と考え，恥の感情は強くならず誇りも低下しないと考えられる。すなわち，原因帰属理論は次のようにまとめることができる。「成功・失敗という結果に対し，その原因をどう認知するかによって後続の行動での成功の期待や喚起される感情が変わり，この期待と感情を媒介として後続の行動が決定される」(Weiner et al., 1971：宮本・奈須, 1995)。

## （4）社会的学習理論

　社会的学習理論はバンデューラ（Bandura, 1977）が提唱した理論で，人間の行動は，他者の観察を通して習得され，また，習得された行動は環境からの刺激に対して自動的に起こるのではなく，その刺激に対する認知的な処理により制御されて起こるということを説明した。

　行動が，観察によって習得され遂行へと至る過程は，観察学習（モデリング）と呼ばれている。観察学習は，注意過程（モデルとなる行動に注意が喚起される段階），保持過程（観察された行動がイメージと言語に象徴的に置き換えられ，記憶の中に保持される段階），運動再生過程（イメージと言語により象徴的に保持されていた行動が，実際の行動へと変換される段階），動機づけ過程（行動として実際に遂行される段階）の4つの下位過程から説明される。

　バンデューラは，人間の行動は，個人，環境，行動の三者が相互に作用しあって喚起され，その際の行動を決定する個人の先行要因として「自己効力」（self-efficacy：「自己効力感」とも呼ばれる。本書では「自己効力」に統一する）が重要であると指摘した。自己効力とは，ある状況において必要な行動を効果的に遂行できるという確信（祐宗ほか，1985）のことである。効力予期とも呼ばれる。自己効力の大きさと強さは，状況に対する対処の努力の量，持続性ならびに積極性を規定する（バンデューラ，1979，p.90；祐宗ほか，1985，pp.35-45）と言われ，自己効力が大きく強いほど，それを達成するために多くの努力を長期にわたり積極的に行うことができる。すなわち，自己効力の高低が動機づけに大きく影響すると考えられている。また，自己効力を基礎づける4つの情報源（表3-2）が指摘されており，これらを適正に用いることで自己効力を高め，課題達成に向けた行動を促進できるとされている。

　なお，類似の概念として「自己有能感」（self-competence）があるが，福島（1985）は自己効力と自己有能感の違いを，次のように述べている。「自信や有能感はいまとりかかろうとする1つの行動についての予期ではなく，もっと一般化され抽象化された自己の妥当性，環境統制力に関する概念であろう。それに対して，自己効力感は『いま，そのことが自分にできるかどうか』というような具体的な一つひとつの行為の遂行可能性の予測に関するものであり，行動に直結した概念である」。

表3-2 自己効力の向上・低下に関わる4つの情報源

| 情報源 | 説　明 |
|---|---|
| 遂行行動の達成 | 自分が実際にやった行動の成功経験は，自己効力を最も強く安定したものにし，さらに自己効力感は関連する場面へと般化する。一方，失敗経験は自己効力を低下させ，弱める。特にはじめの段階での失敗経験は否定的な影響が大きい。新しい課題にチャレンジする場合は，確実に成功経験を蓄積できるように，メニューを工夫することが大切である。 |
| 代理的経験 | モデルの成功を観察することで，自分もできそうだという効力予期が形成される。一方，他者の失敗をみることで，自分もできそうにないという予期を強める場合がある。モデリングによる代理的経験は日常様々に経験されるので，直接の成功経験と同様にその影響は重要である。 |
| 言語的説得 | 賞賛や励ましなどの言葉は自己効力を高め，叱責などは自己効力を低下させ弱める。言語的説得だけで高められた自己効力は，現実の困難に直面すると簡単に消失する場合があるため，遂行行動の達成に向けた補助的な手段として用いると良い。 |
| 情動的喚起 | 試合が始まると急に不安になったり，足がふるえたりする場合がある。このような情動的あるいは生理的な反応が判断のよりどころとなり，自己効力は低下し弱められる。しかし，逆にそうならなかった場合は，それを手がかりとして自己効力を高められる。腹式呼吸法や自律訓練法，などを用い情動的喚起をコントロールすることは，自己効力の向上につながる。 |

### (5) 達成目標理論

達成目標理論は達成目標（achievement goal）の違いが，課題への取り組み方と能力に関わる認知的過程に影響を及ぼし，結果的に行動や行為に違いが生じることを説明する理論である。複数の研究者がそれぞれの考え方を示しているが，基盤となっている理論は，ニコルスとドゥエックによってそれぞれ提出されている。

ニコルス（Nicholls, 1984）は，人が課題を達成しようとする際の能力と努力の関係を説明する2つの考え方を示した。一方は，能力と努力を区別しない「未分化概念」，他方は能力と努力を区別する「分化概念」である。未分化概念では，能力と努力を区別しないため，能力の高さは努力の量と同じととらえられる。一方，分化概念では，能力と努力は区別される。そのため，課題に対する取り組みの結果が同じ程度の場合，他者よりも少ない努力の結果であれば能力は高いことを示し，逆に他者よりも努力した結果であれば能力が低いことを

示すととらえられる。そして，未分化概念に基づく取り組みを「課題関与」，分化概念に基づく取り組みを「自我関与」と呼んだ。特に自我関与の場合は，努力を多く必要とする課題への取り組みでは，能力の低さを示すことになるため消極的になると考えられる。

一方，ドゥエックは，課題への取り組みが失敗に終わった場合，子どもには，あきらめてしまう無力感型と，あきらめずに取り組み続ける熟達（マスタリー）型の二つのタイプがあることに着目した（Diener and Dweck, 1978, 1980）。当初，このような違いの生起には失敗の帰属因が関係すると考えたが，後になって，課題を達成しようとするときの目標の違い，すなわち行動の始発時の達成目標の違いが関係すると考えるようになり，「学習目標」と「遂行目標」を提案した（Dweck, 1986）。学習目標とは，能力を高めることや熟達することを目標とすることであり，遂行目標とは，自分の能力に対する肯定的な評価を獲得しようとする目標，あるいは否定的な評価を避けようとする目標を意味する。そして，このような目標の違いの背景には，2つの能力のとらえ方（知能観と呼ばれる）が関係すると指摘した。1つは，能力は伸ばすことができると考える「増大理論」であり，もう1つは，能力は固定的で変えられないと考える「固定理論」である。増大理論では，能力は伸ばすことができると考えるため，課題に対する自信の高低に関わらず，達成行動は学習目標に基づくパターン（諦めずに取り組む。積極的に挑戦したり熟達しようとしたりする）を示す。一方，固定理論では，遂行目標に基づく行動パターンを示し，能力に自信が持てる（肯定的な評価が期待できる）課題では熟達志向的に行動するが，自信が持てない（否定的に評価される可能性が高い）課題では挑戦を避けるなど，無力感的に行動する（表3-3：Dweck, 1986）。

ニコルスの指摘する課題関与と自我関与，ならびにドゥエックの指摘する学習目標と遂行目標は，その理論的背景に違いはあるが，一方は自らの能力や熟達を高めることに関心が向き，もう一方は他者との比較の中で評価される自分の能力の高さに関心が向いているという点で共通している。したがって，課題関与と学習目標は「課題目標」あるいは「熟達目標」，自我関与と遂行目標は「自我目標」あるいは「成績目標」などと呼ばれている。また，どちらの目標に一層強く意識づけられているかという個人の傾向を「目標志向性」と呼び

表3-3　達成目標と達成行動（Dweck, 1986）

| 知能理論 | 目標志向性 | 現在の能力に対する自信 | 行動パターン |
|---|---|---|---|
| 固定理論<br>（知能は固定的） | 遂行目標<br>（目標は能力について肯定的な評価を得ること／否定的な評価を避けること） | 高い　→<br>しかし<br>低い　→ | 熟達志向型<br>挑戦を求める<br>高い持続性<br>無力感型<br>挑戦を回避<br>低い持続性 |
| 増大理論<br>（知能は可変的） | 学習目標<br>（目標は能力を増大すること） | 高い<br>あるいは<br>低い　→ | 熟達志向型<br>挑戦を求める（学習を促進する）<br>高い持続性 |

（伊藤, 1996）．知識の獲得や技術の向上によって能力を伸ばすことやその過程を重視する場合は「課題志向性」，他者との比較による優劣や成績を重視する場合は「自我志向性」と呼ばれている。

　さらに，達成目標あるいは目標志向性の検討課題は，個人のことだけにとどまらず，教室やチームなど集団の達成目標や目標志向性が，所属する個人の動機づけにどのような影響を及ぼすのかを明らかにする方向へと発展してきている。集団の達成目標や目標志向性は「動機づけ雰囲気」と呼ばれ，努力や進歩を重視する熟達（課題）志向的な雰囲気の方が，結果や評価を重視する成績（自我）志向的な雰囲気よりも，体育やスポーツに取り組む個人の動機づけに望ましい影響を与えることが指摘されている（伊藤ほか，2013）。

## 4. 運動やスポーツへの取り組みにおける動機づけの高め方

　本節では，動機づけに関する諸理論をもとに，スポーツ選手や体育の授業に取り組む児童生徒の動機づけを高めるための方法をまとめる。

### (1) 動機づけを喚起する
欲求（やってみたい）の喚起
　スポーツをさせたい，あるいは体育授業において学習の課題である運動・ス

ポーツに積極的に取り組ませたいというときに，それをすることに動機づけられていない者が，期待する行動（やらせたいと考えている運動・スポーツの練習や学習）を実施することはない。したがって，その課題に取り組むことに，まずは動機づけさせることが必要になる。この場合，すでに指摘の通り，「したい・やってみたい」という欲求と，「してみよう・やってみよう」という認知につながる誘因が揃う必要がある。特に，体育授業などで行われるスポーツ種目への取り組みに関して言えば，ある種目に対して「したい・やってみたい」という欲求がなければ，まず第1に，その欲求を持たせなければならない。ただ，ここで留意すべきことは，なぜその種目（課題）を「したい・やってみたい」と思わないのか，その背景を探ることである。そこには，「以前，みんなの前で失敗して笑われた経験がある」「自分は太っているから動きが鈍い」「もともと運動が不得意だ」「体育授業そのものが好きじゃない」など学習者ひとりひとりの背景（阻害要因）があるはずである。したがって，これから取り組む学習や練習では，その阻害要因に対してどのような対応が施されているのかを説明し，「それならばやれる」という心境に導くことが重要である。体育授業での運動・スポーツへの取り組みや競技活動に関わる心理社会的ストレスを把握する尺度（表3-4：佐々木，2002；表3-5：渋倉，2001）などを実施し，事前に阻害要因を把握した上で，活動の内容や展開を工夫することが望まれる。

誘因の設定

次に，「よしやってみよう」という認知を生じさせ，課題に対して接近を促す誘因を示す必要がある。それは例えば，そのスポーツが得意ではない者でも楽しさを味わえるようにルールが工夫されている，最終的な学習目標に至るまでのステップごとの目標は自分で決められるようになっている，能力の個人差が単純に周囲と比較し評価されてそれが成績につながることのないように工夫されている（個人内評価に基づく学習），器具がぶつかっても痛くないように工夫されている，学習グループの編成では仲間による相互サポートが深まるように人員配置されている，などのように授業の進め方や環境の整備などに具体的に表明されていることが重要である。

なお，動機づけの理論に基づけば，動機づけられていない段階から外的にで

表3-4 中学生用体育学習心理的ストレスレベル測定尺度項目

| カテゴリー（下位尺度名） | 項　目 |
| --- | --- |
| 効力感の欠如 | 1. まわりの人より足がおそい<br>7. 教えられたことができない<br>8. まわりよりも自分がへた<br>14. みんなができて自分だけできない |
| 教師態度 | 2. 先生のきげんがころころ変わる<br>5. 先生の説明が長い<br>9. 先生がすぐおこる<br>13. 先生の教え方がていねいでない |
| 級友の不真面目 | 3. 団体行動なのに自分勝手な行動をとる人がいる<br>10. 先生がいなくて自習のときにふざける人がでてきた<br>15. チームや班を組んだとき，まわりの人が不真面目だったり，やる気を示さない<br>17. まわりの人がちゃんとやらずに，ふざけたり，だらだらしたりしている |
| 体調不備 | 4. からだがだるい<br>12. 疲れている<br>16. ねむい |
| 被中傷 | 6. いやがらせをされる<br>11. 友だちにいやみをいわれた<br>12. 自分の記録や動作をばかにされた |

注）教示文「体育の授業での次のような場面は，あなたのやる気をうばったり，動くのをいやにさせたりする場面として，どの程度あてはまりますか。以下の4つの答えの中からもっともあてはまるものを一つ選び，回答欄のABCDのいずれかを○で囲んでください。よくあてはまる（A），まあまああてはまる（B），少しあてはまる（C），あてはまらない（D）」。各項目の番号は，調査用紙における記載順である。集計は下位尺度ごとに行う。得点は，Aが3点，Bが2点，Cが1点，Dが0点である。各下位尺度の合計得点が高いほど，そのことをストレッサーとして強く認識していることを表す。

も動機づけるための典型的な方法は，賞罰を与えることである。著者の体験からすれば，「負けたチームは腕立て伏せ20回のペナルティな」などと先生に言われ，陸上競技のリレーに懸命に取り組んだ記憶がある。幸い自分は運動が得意だったので，このようなペナルティもある意味楽しむことができたが，運動が得意でない者にとっては，できないことにさらに追い打ちをかける苦行であったかもしれない。「仕方がないからやる」ということも，わずかでも動機づけが生まれるという点では意義のあることかもしれない。しかし，その功罪は紙1枚の表裏であることを忘れてはならない。また「賞（物的報酬）を与える」

表3-5 高校運動部員の部活動ストレッサー尺度項目

| カテゴリー（下位尺度名） | 項 目 |
| --- | --- |
| 指導者 | ・指導者とうまがあわないこと<br>・指導者の考えが自分の考えとあわないこと<br>・指導者が自分たちの意見を聞いてくれないこと |
| 練習時間 | ・部活動に多くの時間をとられ好きなことができないこと<br>・練習時間が長いこと<br>・休日が少ないこと |
| 競技力 | ・自分の競技能力が低いと感じること<br>・試合のときミスすること<br>・努力して練習しているのに上達しないと感じること |
| 仲間 | ・他の部員の考え方と自分の考え方が合わないこと<br>・他の部員と気が合わないこと<br>・部内にまとまりがないこと |
| 怪我・病気 | ・怪我や病気で練習ができないこと<br>・怪我や病気で試合にでられないこと<br>・怪我や病気でチームに迷惑をかけること |

注）各カテゴリーに含まれる項目の内，主なもの3項目を抜粋した。回答は，それぞれについて，最近どの程度経験したか（全然なかった（0点）～よくあった（3点））と，そのときの嫌悪度（いやでなかった（0点）～非常にいやだった（3点））を尋ね，それらの積を求めてストレスレベルの得点とする。各下位尺度の得点が高いほど，最近のストレスレベルの高さを表す。

ことも，多くの研究において内発的動機づけを阻害することが示されている。ただし，アンダーマイニング効果はもともと内発的に動機づけられていた場合の行動に関して言われていることであるから，動機づけ形成の初期の段階では，一定の効果が期待できる。しかし，それが継続すると結果的に動機づけは高まらない。動機づけにおける賞罰の効果は限定的と認識すべきである。

(2) 目標を設定する

動機づけを高めるには，目標の設定の仕方が重要である。適切な目標を立てることにより，何に対して，どのような内容で，どの程度の努力を注ぐ必要があるのかが明確になる。すなわち，行動を始発させ，方向づけ，持続させる心理的エネルギーと定義される動機づけ（速水，2008）に，目標設定は直結している。

## 目標設定理論

　人の行動と結果の関係を考える上で，両者を媒介する変数として認知プロセスに着目し，意図が行動に先立つ条件として重要であることを検討した後に目標設定理論を提唱したのが，ロック（Locke, 1968）である（レイサム，2009, pp. 99-100）。後にロックとレイサム（Latham）は，その仲間と共に，産業組織心理学の領域において，仕事における業績の向上と目標との関係を明らかにする研究を数多く発表し，目標設定に関する理論を発展させた。以下は，目標設定理論の土台となっている3つの仮説である。①具体的で困難な目標があると，目標がない場合や，あったとしても「ベストを尽くせ」という抽象的な目標の場合より，高い業績が得られる。②目標にコミットメントがあると，その目標が高いほど高い業績が得られる。③金銭的インセンティブ（やる気を引き出すための金銭的な刺激），意思決定への参加，フィードバック，または結果の把握といった変数は，具体的で困難な目標の設定とそのコミットメントにつながる場合にのみ，業績に影響を及ぼす（レイサム，2009, p. 100）。

　これらを分かりやすく言えば，目標は具体的な方がよい成果につながる。目標にしっかり取り組むのであれば，良い成果を出すためには高い目標の方が良い。金銭的な報酬，意思決定への参加，行動の結果について情報を提供されることなどは，目標が具体的で高く，しっかり取り組むことができているときにはじめて成果に影響を及ぼすということである。

## スポーツへの応用

　その後，ロックとレイサム（Locke and Latham, 1985）は，これらの仮説をスポーツに対して適用することを提案し，10の仮説（表3-6）を提示した。しかし，スポーツ場面に関して行われた研究では，困難な目標を設定することが高いパフォーマンスをもたらすという仮説は支持されず，多くの研究において，中程度の難しさの目標設定の方が，スポーツのパフォーマンス向上にとっては有効であることが示されている（Kyllo and Landers, 1995）。図3-4は，アトキンソン（1957, 1974）が示した，目標の難易度（主観的な成功確率）と動機づけの関係を示したものである。スポーツのパフォーマンスにおいても同様に，目標の難易度と動機づけの高さとの間には，逆U字の関係があると言える。

表3-6 スポーツの目標設定に関する10の仮説 (Locke and Latham, 1985; 磯貝, 2004)

1) 具体的な目標は，一般的な目標よりも行動に影響する．
2) 具体的な目標では，能力とコミットメントがあれば目標が高いほどパフォーマンスは向上する．
3) 具体的で困難な目標は，ベストを尽くすという目標および目標がないときよりも高いパフォーマンスをもたらす．
4) 短期と長期の目標設定は，長期目標だけよりも高いパフォーマンスをもたらす．
5) 目標は，活動を方向づけ，努力を喚起し持続させ，課題に有効な方略を探すよう動機づけることによって，パフォーマンスに影響する．
6) 目標設定は，目標に関連するフィードバックが得られるときに最も効果的になる．
7) 困難な目標では，コミットメントが強くなるほどパフォーマンスが向上する．
8) コミットメントは，目標の受容，サポートの提示，目標設定への参加，練習，選手選抜，報酬が関わることによって強化される．
9) 目標の達成は，課題が複雑で長期にわたるとき，適切な計画と方略によって促進される．
10) 競争は，目標の高さやコミットメントの増加の程度に応じてパフォーマンスを向上させる．

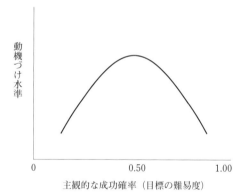

図3-4 主観的な成功確率と動機づけ水準
(Atkinson, 1957, 1974)

　また，一般的な目標よりも具体的な目標の方が良い成果をもたらすという仮説については，スポーツ場面では，これを支持する研究結果と支持しない結果との両方がみられる（磯貝，2004）．一方，長期目標と短期目標の両方を設定することの有効性は，スポーツ場面でも支持されている．磯貝（2004）は，これらの研究レビューに基づき，スポーツ場面における効果的な目標設定の方法として，表3-7のようにまとめている．

表3-7 スポーツ場面における効果的な目標設定（磯貝，2004）

| 目標設定の原則 | 説　明 |
| --- | --- |
| 現実的で挑戦的な目標の設定 | やさしすぎる目標はやる気が起こらず，難しすぎる目標に対しては自信がなければ努力しようとしなくなる。主観的な成功と失敗の確立が五分五分くらいの目標が，達成への確信を持ちやすくさせる。 |
| 抽象的でなく具体的な目標の設定 | 「ベストを尽くせ」などの抽象的な目標では，達成状況を確認・評価するための基準が明確にならない。これに対して，具体的な目標では基準に則った達成状況の確認・評価が可能になる。 |
| 長期目標と短期目標の設定 | 長期目標に結びつく短期目標を段階的に設定することで，達成に役立つフィードバックを早い段階から獲得できるようになり，達成感や満足感を味わいながら，達成のための動機づけを維持させることができる。 |
| 結果目標だけでなくパフォーマンス目標も重視 | 勝敗や順位などの結果は，対戦相手の強さや運によって決まる場合が多いので，目標に対する自らの統制感は味わいにくい。また，結果にこだわりすぎると，負けることを失敗と考えるためプレッシャーが増す原因となる。一方，パフォーマンスに関することは，自分に責任のあることなので，統制感を持ちやすく，試合中も具体的なプレーに集中できる。 |
| チーム目標だけでなく個人目標も重視 | チーム目標は，適切な個人目標の設定と達成によってもたらされるので，個人目標の設定を重視する。 |

## 成績目標か熟達目標か

　達成目標理論において指摘されている成績目標（順位や勝敗など結果を重視した目標）と熟達目標（具体的な行動やスキルの向上ならびにそのための過程を重視した目標）に着目した場合，成績目標は他者と比較することでその成果が評価される。したがって，順位が上位になることや勝つという結果を得ない限り，「自分はやればできる」という自信や有能感，あるいは自己効力を高めたり強くしたりすることができない。一方，熟達目標は結果がどうあっても，そこまでの努力の様子や自分の進歩の度合い，スキルの獲得状況などに焦点があてられる。したがって，仮にわずかな成果であったとしても，それは自らが成し得たこととして自信や有能感，自己効力の自覚に結びつき，さらに向上させようとして動機づけは継続される。以上のことから，動機づけの維持と向上という点では，熟達目標を設定する方がよいと言える。ただし，競技スポーツにおい

て，勝敗や順位を考慮しない目標は現実的ではない。成績目標を設定し，あわせて，そのためにどのような過程を踏むことが必要かという視点から，熟達目標を明確にしておくことが重要である。

**自我関与の目標**

　設定される目標に主体が自律的に関与しているとき，パフォーマンスはより高まることが知られている（外山，2011，pp. 172-173）。このような目標は自我関与が高い目標と呼ばれ，仮に他者が設定した目標でも，自我関与の部分が一部でもあれば，自分で設定した目標と同じように動機づけを高め，パフォーマンス向上の可能性が高まる。内発的に動機づけられる場合の条件の1つに，自律性に対する欲求が充たされることがあげられる。自我関与の高い目標は，行動の目的の理解や達成行動の価値の内在化が進んだ自律的な目標であるとも言える。したがって，そのような目標では動機づけが高まり，パフォーマンスへの集中なども促進され，成績・成果の向上につながると考えられる。

　なお，どのような場合でも常に自我関与の高い目標が動機づけの向上において有効かと言えば，そうではない場合のあることが指摘されている（外山，2011，pp. 173-175）。すなわち，他者との結びつきを重視する日本人を含むアジアの人々においては，特に主体にとって重要な他者の設定した目標の方が意欲を向上させる場合のあることが指摘されている。

(3) 自己効力を高める

　すでに述べた通り，自己効力の大きさと強さは，動機づけに大きく影響する。したがって，表3-1にまとめた自己効力の情報源を利用し，運動やスポーツに対する動機づけを高めることが可能である。

**達成の直接体験の蓄積**

　長期的な目標を視野に入れた段階的で短期的な目標を，主観的な成功確率が50%程度で，具体的かつ挑戦的な内容のものに設定し，着実にそれを成功させ達成の直接体験を積み重ねていけば，自己効力も着実に強く大きくすることができる。さらに，それによって長期の目標達成に向けて動機づけを持続させ

ることも可能になる。

### 代理的経験

　自分と同程度の実力を持つ複数の他者（競技成績，スキルのレベル，不得意なことがらなどにおいて自分と類似している者）が，競技において良い結果を得たり，困難な状況を克服したりしている光景を観察させる（モデリング）ことは，「自分もやれる」という自己効力を強めることにつながる。

### 言語的説得

　励ましや賞賛などは，やる気を起こさせたり奮い立たせたりする方法として，日常よく用いられる。しかし，このようにして高められた自己効力は強いものではなく，うまくいかないことが何度か経験されると急速に弱くなると考えられている。したがって，励ましや賞賛などは，一時的に動機づけを高めるなど，その効果は限定的であることを認識しながら，補助的に用いるのが有効である。

### 情動的喚起

　心臓がドキドキしたり，口が渇いたり，手のひらが汗でぬれてしまうなどの身体的・生理的反応や，不安や恐怖などの感情的反応，また判断のミスや混乱，集中力の低下などの認知的反応などは，パフォーマンスの阻害要因となる。そのため，このような情動が関係する様々な反応が生じると自己効力は弱まると考えられる。しかし，一方で，特に身体的・生理的反応はストレス状況に対する生体の正常な適応反応でもある。すなわち，生体が緊急に対応しなければならない状況に遭遇した場合は，2つの系統を持つ自律神経系（交感神経と副交感神経）のうち，交感神経が優勢に働き，その状況に立ち向かうかその場から逃げ去るかのいずれかの対応を全力で行う準備を始めることになる。上述の生体反応はこのようにして生じたものであり，「闘争か逃走か」（林，1993，pp. 42-50）の反応と呼ばれている。したがって，緊張や興奮とそれに伴って自覚される身体的・生理的反応の意味をプラスに（「自分の体はいまこの状況で正常に反応していて，やるぞという準備が整った」などと）解釈することで，自己効力を低下させないようにすることも考えられる。

# 第4章 運動技術・技能の学習

　近年，日本食が世界的に注目されているが，日本食を食べるときは，通常，箸（はし）を使う。箸を上手に使うには，利き手の指をうまく動かす必要がある。日本人は4，5歳頃から箸を使い始め，指の動かし方を徐々に身につける。このような動作を習得することの目的と過程は，特定のスポーツ種目に必要な体の動かし方を習得する目的と過程に似ている。本章では，運動の技術や技能を身につける際の留意点を，心理学的な視点から考える。

## 1. 運動の学習・技術・技能

### (1) 学習

　学習とは，「一定の経験や練習によってパフォーマンスまたは行動に関わる潜在能力が，一過性の変動ではなく，比較的永続的に，かつ進歩的に変化すること」などと説明されている（柏原ほか，1972，pp. 63-65；中島ほか，1999，p. 108；シンガー，1986，p. 13；辰野，1985，p. 75）。また体育やスポーツのような身体活動を媒介とする学習活動は，環境と相補的な関係にあり，生活環境での適応の意味が含まれる（柏原ほか，1972，p. 66）。パフォーマンス (performance) は，一般的に「する（行う）こと」「実行」「演技」「作業」「性能」などと訳されるが，スポーツの領域では行動の過程や結果（成績）を表す語としても用いられる。すなわち，学習による中枢神経系の変化は直接観察することができないが，その変化によって生じたパフォーマンス（できばえの変化）を観察することで，学習の状態を推測することは可能である。ただし，パフォー

表 4-1　ガニエによる学習領域の 5 区分

| 学習領域 | 説　明 |
| --- | --- |
| 運動技能（motor skills） | 環境的な手がかりに対して協応反応を行うことで代表されるような，運動が中心となる領域（例：靴ひもを結ぶ，手紙を書く，道具や器具を使う） |
| 言語的情報（verbal information） | 事実，原理，一般化などの知識と呼ばれる領域 |
| 知的技能（intellectual skills） | 弁別，法則，概念などで代表される領域（知識の応用） |
| 認知的方略（cognitive strategies） | 個人の学習，記憶，思考を支配する内的に組織化された技能の領域 |
| 態度（attitudes） | 感情などのような情緒的行動の領域 |

注）Gagné（1972）の指摘をシンガー（1986）が要約した内容に著者が一部加筆。

マンスは，そのときの身体的・生理的な状況や，気分などの心理面の影響を受けて変化する場合もあるため，運動に関わる学習状態の把握では状況的要因を考慮する必要がある。

　ところで，学習の領域は様々に分類されているが，その一例としてガニエ（Gagné, 1972）は 5 つの領域にまとめており（表 4-1），その中に運動技能が含まれる。ガニエが例示した内容は，いずれも細かい動きについてであるが，本書の対象となる運動やスポーツも，基本的には同様の運動の要素を含んでいると考えられる。したがって，競技スポーツや体育授業中に行われる運動の学習は，ガニエの指摘する学習領域の 1 つに含めて考えることができる。しかし，例えば，サッカーのゲームができるようになるためには，サッカーに特有の運動技能とあわせてルールや集団による連係プレーなども学ぶ必要がある。すなわち，スポーツができるようになるということは，そのスポーツに特有の運動技能とあわせて言語的情報や認知的方略など，その他の学習領域についても複合的に学ぶことであるといえる。

## (2) 運動学習

　運動やスポーツにおいてパフォーマンスとして表現される行動の学習は，運動学習（motor learning）と呼ばれている。運動学習は，一定の運動課題にそくして，見たり，聞いたりする知覚系と大筋や小筋などの筋肉の動きに代表される運動系との協応関係が適切に行われてはじめて成り立つ（友添，2006）。

また，競技スポーツや体育授業で取り上げられる運動を学習するということには，2つの意味が含まれる。すなわち，バスケットボールや卓球など特定のスポーツ種目ができるようになることと，各スポーツ種目をその特性に基づいて行動として表現するために必要な固有の動きができるようになることである。例えば，バスケットボールであればドリブル，レイアップシュート，チェストパスなど，また卓球であればフォアハンド・ストローク，バックハンド・ストローク，スマッシュなどの動きである。前者は広義の運動学習，後者は狭義の運動学習として区別される（佐藤，2006）。

(3) 運動技術と運動技能

「技術（technique）」と「技能（skill）」は内容的に区別される（岸野，1972）。すなわち，「技術」は，一定の運動課題をパフォーマンスとして正しく完結させるための客観的で，もっとも目的に適った方法であり，知識として提供できるものである。一方の「技能」は，そのような客観化された技術を，個人がそれぞれの技量や学習の水準に合わせて主観的・経験的に獲得した能力のことである（岸野，1972）。したがって，運動技術（movement technique）とは特定のスポーツ種目やその種目特有の動作，あるいは一定の運動の実施をもっとも合理的に，あるいは理想的に完結させるための体系化された知識（運動課題の解決方法）であり，運動技能（motor skill）とはそれらが主観的・経験的に習得された個人的な運動の能力（松本，2006；吉田，2006，2008）ということになる。一定の運動課題をパフォーマンスとして表現し完結させようとする場合，理想のパフォーマンス（運動技術）に対して「うまい・下手」の個人差（運動技能）が生じるのはこのためである。

(4) 運動技能の分類

個人が獲得し向上させる運動技能は，明確な規準はないが便宜的に分類されており，それぞれに名前がつけられている（シンガー，1986，pp. 18-36）。一般的に，小筋運動技能と大筋運動技能，閉鎖技能と開放技能，分離技能，系列技能，および連続技能などに分類される。このような分類の枠組みを理解しておくことは，適切な練習方法や指導方法を考える上で重要であり役に立つ（シン

ガー，1986, p.25）と考えられている。

## 小筋運動技能と大筋運動技能

　小筋運動技能は「fine motor skill」，大筋運動技能は「gross motor skill」とそれぞれ英語表記される。「fine」という語は，繊細で感受性に富むという性質を表している。中心となる動きは，激しく大きな動きではなく，空間が限られ狭い範囲での目，手，足の巧妙で正確な協応動作である。コンピュータに向かい文章を作成するときのタイピング，ピアノやサックスなどの楽器を演奏するときの指の動きなどがこれに該当する。本章の冒頭で述べた，私たち日本人の箸使いも小筋運動技能である。一方の「gross」という語は，大きく，全体的な，はっきりとした，力強さなどの性質を表している。ほとんどのスポーツの技能は大筋運動技能と言えるが，例えばバスケットボールのフリースローでゴールを狙う，あるいはサッカーで走りながら距離と方向を調整し離れた味方に正確にパスを通すなど，大筋運動技能にあわせて，繊細で高度な小筋的協応動作も含まれる場合がある。すなわち，強さ，正確性，タイミングなどは，両方の技能に共通に含まれる基礎的な運動の要素となっている。

## 閉鎖技能と開放技能

　技能がどの程度環境的（外的）な手がかりに依存して行われるかなどの観点に基づく運動技能の分類である。閉鎖技能（closed skill）は，技能を実行することでもたらされる筋感覚による内的なフィードバックに対する依存度の高い技能であり，入力すべき環境情報が少ない，いわば固定された環境の中において身体操作に注意が払われる技能である。このような技能は，ほぼ一定の運動パターンを繰り返し練習することで習得される。練習の目標は，技能の固定化・習慣化である。具体的には，体操，水泳，ボーリング，弓道，飛び込み，走り高跳び，砲丸投げ，ゴルフの各ショットやパッティング，またバスケットボールのフリースロー，サッカーのフリーキックなどが閉鎖技能に含まれる。

　一方，開放技能（open skill）は，固定されていない予測困難な環境的要求において，筋感覚などのフィードバックとあわせて外部の情報にも適応するように運動を制御する技能である。したがって，開放技能の獲得過程では，一定の

動作パターンを定着させることと同時に，不安定な環境的状況に対して動作を的確に合わせて実施する対処能力や予測能力を高めることも重要となる。具体的には，野球，サッカー，ラグビー，バスケットボール，バレーボール，テニスなどの大半の球技スポーツや，柔道，剣道，レスリング，ボクシングなどの対人スポーツ，さらにスキー競技やカヌー競技なども含まれる。

なお，シンガー（1986, pp. 22-24）は，閉鎖技能は自分のペースで運動ができる自己ペース技能，開放技能は場面の要求に規制された，すなわち外的にペースが決められた外部ペース技能とそれぞれ概念が類似していると指摘している。

**分離技能，系列技能，連続技能**

分離技能（discrete skill）は，動作の始まりと終わりが実施者のペースで明確に定められている技能である。ボーリング，砲丸投げ，アーチェリーや弓道などの射撃，ゴルフの各ショットなどが該当する。通常，短時間で終了する。

系列技能（serial skill）は，複数の分離技能が順番に連結して構成され，その全体が1つの運動課題となっている技能である。また，課題の始まりと終わりが実施者のペースで定められており，動作が連結している分，実施に要する時間は長くなる。体操競技やフィギアスケートなど，いわゆる「演技」として行われる競技が主に該当する。

連続技能（continuous skill）では，一般的に様々な動作が不規則に，かつ連続して展開される。すなわち，ある動作の終わりは次の動作の始まりになっており，1単位となっている動作の始まりと終わりが不明瞭である。動作は自発的に止めるか，外部から規制されることで終了するため，実施時間は一般的に長い。サッカー，ラグビー，バスケットボールなど，球技種目のほとんどが該当する。

なお，テニス，バドミントン，卓球などについては，そのフォアハンドやバックハンド等のストロークは，ひとつひとつを取り上げれば分離技能といえる。また，それが安定的に順番に繰り返されれば系列技能ともとらえられる。しかし，実際の試合やゲームではどのストロークがどのような順番で実施されるかは分からず，スマッシュ等の動作が得点につながればその時点で動作を自発的に終了させられるが，相手がそれをレシーブすれば展開は継続されるため一連

の動作の終了は未定となる。したがって，これらの種目については，各技能が複合的に含まれているととらえられる。

## 2. 運動技術の学習過程

### (1) 運動学習の段階

　運動技術が，習得・内面化され，個人の運動技能として習熟していく過程について，松田（1983, pp. 196-197）は次のように説明している。第1の段階は，「うまくなりたい」「上達したい」「他人に認められたい」「仲間に入りたい」など，運動技術を身につけることへと動機づけられる段階である。第2の段階は，過去の経験や何らかの外部からの指導に基づいて，どうすればうまくなるのかを考え，様々な方法を試みる段階である。第3の段階は，目的にかなった動作がわかる段階である。第4の段階は，繰り返し練習することで動作を滑らかにしていく段階である。そして最後の第5の段階は，過去の経験が再構成され，ひとつひとつの運動が新しい場面に適応でき，動きが全体的な統一とまとまりを持つようになる段階である。それぞれの段階は，「動機」「探索」「原理の発見」「練習」「習熟」と名付けられ，この5つの段階を往復しながら習熟が深められる。また，一般的な意味での「練習する」とは，「探索」「原理の発見」「練習」を繰り返すことを意味する。

　さらに，運動技術が個人の運動技能として習熟される過程は，外面の変化である「運動のできばえの変化」と，内面の変化である「神経の働きの変化」という2つの視点からとらえることができる。そして，当初は統一に欠け，不必要な動作や緊張のあった動きが滑らかさを持つようになり，動作として時間的・空間的にまとまりを持って安定し，最終的に，動作に対して特別な意識を向けなくとも，機械的・自動的に目的にかなう動作が行われる熟練の段階に至ると考えられる（松田，1983, pp. 197-198）。

### (2) 遂行曲線

　学習の状態は，直接観察することができない。そこで，個人の運動技能として具体的に表現されたパフォーマンスの変化を観察することで学習の状態を推

## 2. 運動技術の学習過程

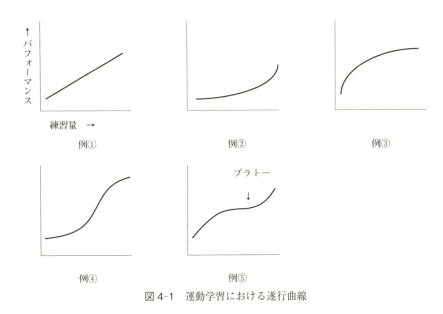

図 4-1　運動学習における遂行曲線

測することになる。この場合，様々な視点から得られる変化に関わるデータを定量的に表すのが一般的である。例えば，野球の打率やバレーボールのスパイク決定率，サッカーやバスケットボールのシュート成功率などの指標がその例としてあげられる。運動の学習過程では，これらの変動の様子を把握することで，運動技術がどのように習熟されているか，また運動技能の修正すべき点はどこかなどが検討されることになる。

　学習における練習量とパフォーマンスの指標の変化をグラフに示したものを遂行曲線（performance curve）と呼ぶ。学習曲線（learning curve）と呼ばれる場合もあるが，厳密には，学習曲線は潜在的・認知的変化を推測したもので直接観察できない。そのため，観察可能な遂行（パフォーマンス）の状態を表した遂行曲線が，学習の状態を知る手がかりとして用いられる（工藤，2008，p.202）。

　遂行曲線は，その指標が成功数や決定率など値が大きいほど良い結果を意味する場合は大まかには右上がりとなり，エラー数や反応時間など値が小さいほど良い結果を意味する場合は一般的に右下がりになる。図 4-1 は，練習を積む

にしたがってパフォーマンスが向上していることを示す遂行曲線の典型例である。なかでも，例③のように，パフォーマンスのレベルが上がってくると練習を積んでも向上が見えにくくなる場合がある。このような現象は「天井効果（ceiling effect）」と呼ばれる。一方，エラー数や反応時間などを指標にとった場合には，ある程度の練習を重ねることでその値は小さくなり，それ以上の減少はしにくくなる。このような現象は「床効果（floor effect）」と呼ばれる。

(3) プラトーとスランプ

運動学習に伴う遂行曲線の推移を追っていくと，一時的にパフォーマンスの向上が停滞する現象が見られる場合がある。図4-1の例⑤がそれにあたる。このような現象は高原現象（プラトー：plateau）と呼ばれるが，スランプ（slump）と言われる場合もある。それぞれについてどのような場合にどちらの呼称を用いるのか，またその原因については明確な規準はみられない。しかし，運動学習の初期の段階で生じる高原現象をそのままプラトーと呼び，学習の後期，すなわちある程度特定の種目に習熟した段階で生じる比較的長い期間に及ぶパフォーマンスの停滞や低下をスランプと呼ぶのが一般的である。また，その原因には，プラトーもスランプも同様に，動機づけの低下や疲労などがあると言われるが，臨床的には，スランプは高レベルの競技環境に身を置くことで抱え込んだ様々な問題や課題が象徴的にパフォーマンスの停滞や低下としてあらわれた現象（菊池，2012，p.133）などと説明されている。なお，これまでに指摘されているそれぞれの説明を整理すると，その原因等については次のようにまとめることができる。

学習の初期段階では，部分的かつ要素反応的に学習が進行するためパフォーマンスの向上がみられる。しかし，ある程度学習が進むと要素間の結合による内部変化に終始する段階へと至り，学習がパフォーマンスに反映されなくなる。さらに，その状態が主体の動機づけを低下させてしまうため，学習の停滞が生じる。この状態がプラトーである（松田，1983，p.199）。また，この説明に基づけば，その段階までの学習による要素間の結合が主体内部において完了すれば，その結合により生じた新たな能力を基盤とする学習の段階へと進むことが可能である。したがって，いったん低下した動機づけを新たに持ち直すことが

できれば，再び遂行曲線を向上へと導けることになる。
　一方，スランプは，学習の比較的後期に生じる現象で，原因がはっきり把握できないことが特徴である。しかし，そのきっかけとしては，疲れや怪我，フォームの修正，新しい用具の使用，指導法や所属集団の雰囲気あるいはチーム内の立場の変化などが考えられ，またそれによって引き起こされる自信や競技意欲の低下，強い焦燥感や不安の増長などの心理面の動揺がパフォーマンスを悪化に導くと考えられる。中込（2008）は，カウンセリングにおいて語られるスランプには，選手ひとりひとりの異なる様々な心理的問題や課題が存在していることから，訴えの背景を慎重に洞察し対処する必要があると指摘している。

## 3. 運動技術の効果的な練習方法

　運動技術を習得・内面化し，運動技能として高めていくことを，脳神経系の視点から言い換えれば，目的とするパフォーマンスを可能にする運動技術に関わる神経回路を構築し，個人が固有に持つ筋肉等をコントロールして，運動技能として習得された能力を発揮するシステムを確立することである。この場合，運動技術の学習としては反復練習が必要となり，その能率を上げるためには，練習の量や時間配分，練習課題の配置順などの工夫が重要な意味を持つことになる。

### (1) 集中法と分散法
　練習中に休憩をほとんど入れず，連続的に集中して練習する方法を集中的練習法あるいは集中法と呼ぶ。これに対し，練習の間に休憩を入れて行う方法を分散的練習法あるいは分散法と呼ぶ。どちらの練習法が効果的かという点については，これまでに多くの指摘が示されており，一般的には集中法よりも分散法の方が効果的と言われ，このことは分散効果と呼ばれている。
　しかし，実験場面と同じような条件を現実の練習場面に厳密に設定することは困難であることや，運動の種類や練習の目的，練習中の主体に関わる内外の環境的要因（例えば，動機づけ，不安，気分，仲間の存在，指導者との関係，天候など）によってもその効果の現れ方は異なると考えられる。したがって，スポ

ーツや体育における練習や学習の場面に，これまでに指摘されている集中法と分散法の効果を一般化してあてはめることは厳密にはできない（松田，1983，pp. 254-255）と考えられる。なお，荒木（2008, pp. 213-214）は，以上のことを踏まえた上で，エネルギー消費の大きい激しい運動では適宜休憩を取り入れる分散法が効果的であり，反対にエネルギー消費の比較的少ない軽い運動では集中法が効果的と考えられること，また，初心者は上級者よりも運動に必要な情報処理を行う時間的余裕が必要であるため分散法が効果的であり，逆に上級者は情報処理に要する時間は少なくて済むので集中法が効果的であると指摘している。

(2) ブロック練習とランダム練習

特定のスポーツ種目を実施するためには，その種目に必要な特有の技術を身につけ，その技能を高めなければならない。例えば，バドミントンを特徴づけるストロークの技能には，オーバーヘッド・ストローク，サイドアーム・ストローク（フォアとバック），アンダーハンド・ストロークなどがあり，これらとフットワークが組み合わさりバドミントンのパフォーマンスが成立する。通常，どのスポーツ種目でも，特有の技能を向上させるためには，その技能を反復練習する。1970年代以降，運動学習に関わる心理学の領域では，この反復練習において，課題をどのような順序で行うのが効果的か，また有効なフィードバックはどうすればよいのかということが，研究の中心的検討課題として取り上げられてきた（工藤，2004，p.138）。

バドミントンのストロークのように，あるスポーツ種目の練習課題としてA, B, Cの3つの内容があるとする。これらをそれぞれ同じ回数ずつ反復練習し，各技能を高めようとする場合，課題の並べ方には大きく2つのパターンがある。1つはAについてまとめて練習し，次にB, そしてCなどと順番にそれぞれの技能をまとめて練習するパターンである（図4-2のア）。2つ目はA, B, Cをばらばらの順序に並べて，最終的に同じ回数の練習を行うという方法である（図4-2のイ）。前者はブロック練習，後者はランダム練習と呼ばれる。

## 3. 運動技術の効果的な練習方法

```
運動課題   A  B  C
練習法（ア）    AAA  +  BBB  +  CCC
練習法（イ）    ABC  +  BAC  +  ACB
```
図4-2　運動課題の練習法

　スポーツにおける練習目的の1つは，正しい動作を習得し，その動作を再現するための情報処理過程をつくり，記憶し，強化することで，実際の競技場面においてその動作を再現できるようにすることである。ブロック練習もランダム練習も，この目的を果たすための練習方法といえる。しかし，実は，双方の練習効果の表れ方には違いのあることが明らかにされている（Shea and Kohl, 1990）。すなわち，練習中あるいは練習直後の動作の再現ではブロック練習の方が良い成果を示すが，時間経過後の動作の再現ではランダム練習の方が良い成果を示すというものである。言い換えれば，一時的なパフォーマンスの向上にはブロック練習が効果的であるが，技能の定着を図るという点ではランダム練習の方が効果的ということである。この結果は，通常，われわれがいだく経験的な予想とは異なっていると思われる。

　このようなブロック練習とランダム練習の効果の違いを説明する理論的背景として，文脈干渉効果（Shea and Morgan, 1979）が指摘されている。文脈干渉効果とは，複数の運動課題を実施する場合，先行する課題は後に行われる課題のパフォーマンスを抑制するが保持と転移に対しては促進的に作用するという現象のことである（工藤，2002）。転移とは，前に学習したことがその後の学習に影響を及ぼすこと（中島ほか，pp. 615-616）を指す。例えば，スケートができるとスキーの上達が早い場合や，逆に水道で水を出すときにレバーを下げることに慣れると，上げる方式にとまどう場合がある。学習を促進する前者の例は「正の転移」，学習を遅らせる後者の例は「負の転移」と呼ばれる。一般に運動技能においては正の転移はあるが，負の転移は比較的少ない（鹿取ほか，1996, p. 78）と言われている。

　ところで，文脈干渉の大きさは，課題の続き具合（文脈）の違いによって異なると考えられている。すなわち，同じことを繰り返す形で課題が並べられているブロック練習は，練習中および直後のパフォーマンスには促進的に作用するが，パフォーマンスの保持と転移に関しては抑制的に作用するということで

ある。一方，ランダム練習はそれとは逆で，練習中および直後のパフォーマンスに対しては抑制的であるが，パフォーマンスの保持と転移に対しては促進的に作用するということである。ブロック練習は低文脈干渉条件，ランダム練習は高文脈干渉条件の練習と言える（関谷，2006，p.774）。

　では，なぜ，同じ課題が続かないように順番を入れ変えた練習の方が，文脈干渉効果が高くなる（時間経過後の再現性が高まる）のであろうか。その理由は次のように考えられている。まず，ブロック練習では同じ運動課題が繰り返される間，同じ運動プログラムが使われる。これに対しランダム練習では，運動課題が1回ごとに異なるため，それに合わせて運動プログラムを毎回再構成する必要がある。すなわち，ランダム練習ではひとつひとつの運動技能のプログラム構成が繰り返し行われるため，記憶が強固になると考えられる。さらに，ランダム練習では運動技能の遂行が次々に変わるため，注意集中が必要となり，また入念な情報処理が促される。さらに，それぞれの運動プログラムの対比が繰り返されるため，結果的に運動技能の違いが際立ち，それぞれの運動技能の記憶が精緻化されていくと考えられている。

　ブロック練習とランダム練習の，以上のような効果の違いに基づき，工藤（2000，p.32）は次のように述べている。「たとえ難しいスキルであっても，いつまでも恒常練習（同一の動きだけを反復する練習）やブロック練習にとどまっているのではなく，できるだけ早い機会に変化にとんだ練習（変動練習）を心がけ，また練習順序のランダム化を図る必要がある。決まりきった動きの反復による目先のパフォーマンスの高さよりも，多くの失敗をともなった多様な運動経験こそが，結果的にスキル獲得の近道となる」（傍点部は著者が加筆した）。

### (3) 全習法と分習法

　全習法とは，習得したいと考えている動作をひとまとまりにして一度に練習する方法である。一方，分習法とは，習得したいと考えている動作を構成している運動要素を区分し，そのひとつひとつを別々に練習する方法である。例えば，バドミントンの場合，コート内の動き方やストロークとその使い分けなどの練習をゲーム形式で行えば，バドミントンの技術全体の習得を目的とする全習法の練習となる。一方，フットワーク，各ストローク，サービスなどをそれ

## 3. 運動技術の効果的な練習方法

ぞれ区分して練習すれば分習法による練習となる。また、次のようなとらえ方もある。例えば、バレーボールのスパイクを動作として1つのまとまり（全体）と考えれば、助走してジャンプするまでの踏み切り練習や、壁に向かってボール打ちを繰り返す練習などは、スパイクの動作を要素に区分して練習する分習法となる。一方、セッターのトスに合せて助走、ジャンプし、ボールを打ってから着地するという一連の動作の練習は、スパイクという動作の全習法による練習となる。スポーツ種目の練習における全習法あるいは分習法とは、その技術体系をどのようにとらえ区分するかによって異なってくる。

また、全習法と分習法のどちらが効果的かを比較した研究は数多く行われているが、学習者の能力、動機づけのレベル、種目の違いなどによって、結果が様々である（松田, 1983, p.256）。例えば、ニーメイヤー（Niemeyer, 1958）は、水泳、バドミントン、バレーボールについて全習法と分習法による練習効果を比較し、バレーボールは分習法が、水泳は全習法が効果的であり、バドミントンは人により効果が異なることを指摘している。一方、松井（2013）は、バレーボールのブロックの練習を分習法によって行う場合の留意点として、状況判断を含む技能の遂行を意図させなければ実戦に役立つ練習にはならないと指摘し、全習法を行った上で分習法的に個人スキルを高めていく方がよいと指摘している。さらに、工藤（2000, p.38）は、スポーツの練習では当面のパフォーマンスの高さや、やりやすさに注意が向きがちであるが、スキルは本番に生きなければ意味がないので、実際の遂行場面の視点から練習法を見直す必要があるとしている。競技としてのスポーツの技能練習では、実戦場面の状況をふまえた練習法の工夫が重要と言える。なお、山本（2012）は閉鎖技能と開放技能の分類に焦点をあて、次のように練習法を提案している。

閉鎖技能に関しては、初心者の段階では全習法によって運動パターンの特徴をつかみ、ある程度成績が伸びない状況（プラトー）になってから、修正が必要と思われる運動要素に関する分習法を取り入れるのが良い。ただし、部分が変化すると、それに応じた全体の変化への対応も必要となる。また、最初から運動パターン全体を実施することが能力的に困難な場合には、分習法の内容を段階的に全習法に近づけていくように工夫することが考えられる。

開放技能に関しては、ほとんどの種目において、予測不可能な環境（特に人,

すなわち相手の動き）への適応が運動技能の中心的課題となるため，全習法，分習法を問わず，環境情報への対応をある程度以上必要とする練習が重要である。

(4) フィードバック

　フィードバックとは，「相互作用のある要素が，その相互作用を維持，増幅，あるいは修正するプロセスであり，相互作用パターンを維持または安定させる負のフィードバックと，増幅または再構成する正のフィードバックがある」。また，「正確に動作するために，視覚的入力や自己受容器から求心性インパルスを受け取る処理過程のこと」である。さらに，「人やグループの行動やパフォーマンスを，特に修正したり改善したりすることを目的として提供される情報のことであり，提案が伴うこともある」（ファンデンボス，2013，p.766）。

　以上の説明に基づいた場合，スポーツや運動におけるフィードバックとは，運動を遂行するために必要な技術を技能として習得した主体が，運動の遂行において発揮される技能を維持，増幅，あるいは修正するプロセスであると指摘できる。また，フィードバックには，身体に備わる感覚器からの情報と，スポーツや運動における動きの修正や改善のために提供される外的な情報の2つが存在するといえる。フィードバックされる情報は，目標とした運動あるいは意図された動きに，実際の反応が一致しているかどうか，あるいはその結果が一致していたかどうかといった，目標と結果の誤差に関する情報ととらえられる。入力された誤差情報により，技能の維持，増幅，修正が行われ，次に続く運動ではその出力が調整されて，目標との誤差が漸減し正確な動作が表現されるようになっていくと考えられる。

　ただし，特に外的な情報としてのフィードバックは，有用である場合と有用とは言えない場合がある。すなわち，フィードバックの有用性は，与えられるフィードバックそのものが十分に有効であるかどうかということと，そのフィードバックを評価し利用する運動遂行者の能力によって決定する（シンガー，p.367）と考えられる。

　なお，運動技術を効果的に習得させ，各自の運動技能を向上させることにおいて，指導者が果たす役割は大きい。そして，その役割の中心的な内容が，選

手に対して適切なフィードバック情報を提供することである（工藤，2003）。

## 内在フィードバックと外在フィードバック

運動の遂行に関わるフィードバックが，大きく2つに区分できることはすでに述べた通りである。改めて整理すると，1つは，運動を遂行している本人の筋感覚や平衡感覚など，身体に備わる感覚器によってもたらされる感覚情報のフィードバックである。これらは運動の実施に伴い内的に生じるものである。そのため，内在フィードバック（intrinsic feedback）と呼ばれている。例えば，バランスボールに座り両足を床につけずに転げ落ちないようにしているときは，視覚や内耳にある前庭器からの感覚情報がフィードバックされ，ほぼ同時に，バランスを取るための体幹や両腕，両脚などの筋の緊張と解除に関わる命令が出力されている。もう1つのフィードバックは，指導者や仲間から動きについて評価してもらったり，記録された運動の動画をみたりすることで得られる情報が，視覚や言語的メッセージとして入力されることである。このような情報は人工的に外部から提供されるため，外在フィードバック（extrinsic feedback）あるいは付加的フィードバック（augmented feedback）と呼ばれている。

## 外在フィードバックの機能

外在フィードバックには，情報機能，動機づけ機能，そして強化機能の3つの機能があるとされている。情報機能とは，運動の結果に関する誤差情報を伝える機能である。これにより，正確な動作（目標）と実際の遂行の結果が比較され，生じている誤差が修正される。フィードバックは，運動の遂行において発揮される技能を維持，増幅，あるいは修正するプロセスである。したがって，情報機能はそのプロセスに直接関係していると言える。

動機づけ機能とは，次の運動遂行に対する動機づけを高める機能である。運動遂行後の結果に関する情報のフィードバックは，誤差が小さければ学習者にとっては「報酬」を意味し，大きい誤差であれば「罰」を意味することになる。しかし，もともとのその課題への取り組みに対する動機づけが内発的なものか外発的なものか，あるいは目標の志向性が課題志向であるか成績志向であるかによって，その意味は認知的に変わると考えられる。動機づけの理論に基づけ

ば，フィードバックが次の運動遂行への動機づけを促進するには，運動遂行の努力とその結果に対して満足感や喜びなどの感情が生じ，次の運動遂行ではさらに目標に近づくことができるという期待の高まりが同時に生起することが必要である。

最後に，強化機能とは，一定の方向性を持つ行動を形成することを増強する機能である。フィードバックが誤差に関する正しい情報を持ち，効果的に与えられ，さらに動機づけに結びつく条件を満たすものであれば，正確な運動遂行が繰り返されるようになると考えられる。

**外在フィードバックの種類**

外在フィードバックは，与えられる内容によって2つに分類される。1つは，運動の動きに関する知識（knowledge of performance：KP）についてであり，もう1つは，運動の結果に関する知識（knowledge of result：KR）についてである。

運動の動きに関する知識（KP）のフィードバックとしては，例えば，陸上競技の走種目における「もっと腕を大きく振って」「足運びのピッチをそのまま維持して」や，テニスやバドミントン，卓球などでの「いまの打ち方は良かったぞ」などのような声がけ（言語的メッセージ）が該当する。また，動きを確認するために，レースや試合後に録画をしていた映像を視聴することなども，KPのフィードバックと言える。

運動の結果に関する知識（KR）のフィードバックには，例えば陸上競技であれば，タイム，跳んだ高さや距離，投げた距離があげられ，バレーボールやテニスであれば，ボールのインかアウトかの判定，柔道や剣道では技の有効か無効かの判定，また体育授業場面であれば，跳び箱やマット運動での技の出来具合を伝える「いまのは良かった・悪かった」などの声がけや，親指と人差し指で丸をつくり他の3本の指は立てるようにしてつくる「ok」のサインなど，身振り手振りで伝える非言語的メッセージがあげられる。

これらの外在フィードバックは，与えられるタイミングによってさらに分類でき，運動遂行中に与えられるフィードバックは，同時フィードバック（concurrent feedback）と呼ばれる。一方，運動や動作が終了した後に与えられる

場合は，終末フィードバック（terminal feedback）と呼ばれる。さらに，終末フィードバックは，終了の直後に行われる即時フィードバック（immediate feedback）と，一定の期間が経過した後に行われる遅延フィードバック（delayed feedback）に分類される。遅延の期間は，数分後や数時間後，数日後から数週間，場合によっては数か月後などさまざまである。

**外在フィードバックの効果的な与え方**
　フィードバックはどのように与えると効果的なのであろうか。これまでに明らかにされている知見を以下にまとめることにする。

①**頻　度**　運動遂行後のフィードバックが毎回与えられる条件と，2回に1回（半分）の割合で与えられる条件とを比較した場合，後者の方がフィードバックを取りやめた後でも再現性に優れていることが明らかにされている（Winstein and Schmidt, 1990）。フィードバックが毎回与えられているのにもかかわらず運動学習が促進されないという現象は，学習者が外在フィードバックに頼り過ぎてしまうことで起こるとされている。このような考えは，ガイダンス仮説と呼ばれている。学習者は，本来，運動の遂行結果と内在フィードバックとの間の誤差を検出する内的基準を自律的に身につけ，その精度を高め，徐々に，外在フィードバックを利用しなくとも必要な技能が発揮できるようにならなければならない。すなわち，毎回与えられる外在フィードバックは，その内的基準の獲得と発展を阻害するように働いてしまうのである。
　ガイダンス仮説に基づけば，学習のはじめの段階ではフィードバックを多く与え，徐々に少なくしていくという方法（漸減フィードバック），また，フィードバックを数回に1回，一括して与えるという方法（一括フィードバック），さらに過去数回分の誤差（目標値と結果の差）の全体的な傾向を数回に1回与えるという方法（平均フィードバック）などが，毎回与えられるフィードバックよりも学習を促進させると考えられる。

②**精　度**　運動課題の遂行結果に関するフィードバックは，例えば，走り幅跳びの踏切についてであれば，「踏切線を超えていた」「手前だった」などのよう

な反応の方向性（前・後，左・右，長い・短いなど）に関するものと，「1 cm 超えていた」「1 cm 手前だった」などのような反応の方向性に量的情報を含めた内容のものとに分けることができる。前者のように誤差の方向性を説明するものは質的フィードバック，後者のように量的な内容を含めて説明するものは量的フィードバックと呼ばれている（関谷，2008，p.191）。

　ここで両者を比較した場合，量的な内容を含むフィードバックは，さらに複雑な情報処理が必要になると考えられる。このようなことから，量的情報を含むフィードバックは，練習や経験をより多く積んでいる習熟度の高い者に適しており，課題への取り組みが初期段階の者には適さないと言われている。したがって，取り組ませようとする運動課題およびその関連事項に対して，学習者がどの程度習熟しているのかをふまえて，フィードバックの精度を考える必要がある。さらに，フィードバックされる情報の数にも配慮が必要であり，初期段階の学習者だけでなく習熟度の高い者に対しても，混乱を招くような多数の内容をフィードバックすることは避けなければならない。

　また，運動課題の目標値と課題遂行後の結果が，どの程度ずれている（誤差がある）ときにフィードバックを与えるのが良いのかが検討されている（筒井，2003；Sherwood, 1988）。一定範囲の誤差は許容し，それを超えたときに，結果が目標値からどのように（プラスかマイナスか），どれくらい（時間，長さなど）離れているかをフィードバックする3つの条件（誤差の許容範囲：0%，5%，10%）で，学習の成績が比較された。その結果，学習中の成績には3条件の差がなかったものの，保持テスト（再現性）では許容範囲が一番大きい10% 条件においてもっともすぐれた成績が示された。すなわち，常に正確なフィードバックを与えるのではなく，一定の範囲内の誤差であれば誤差は伝えない方が，学習効果は保持されるということである。

③**タイミング**　フィードバックを与えるタイミングとして，特に終末フィードバックに関しては，運動遂行後，すぐに行われる即時フィードバックと，一定時間が経過した後に行われる遅延フィードバックに分類されることをすでに指摘した。では，具体的にどのタイミングが学習効果の保持にとって有効なのだろうか。実験結果（Swinnen et al., 1990）によれば，即時的なフィードバック

よりも，数秒遅れ（実験では3.2秒）のフィードバックの方が，学習中および保持テストの双方において成績が優れていた．原因としては，終了後，即時に与えられるフィードバックは，内在フィードバックに注意を向け，それを利用して目標と結果の誤差を情報処理し，学習者自身が誤差検出に関わる内的基準を獲得することを阻害するためであると考えられている．したがって，運動遂行後のKRに関するフィードバックは，あえて，数秒間遅らせて与える方が効果的である．

④*フィードバック情報の選択的利用*　外在フィードバックが学習者の要・不要に関わらず強制的に与えられる場合と，与えられるタイミングを学習者が選択できる場合とでは，学習成績に差が生じるのかどうかが検討されている．実験者が指定した2つのフィードバック群（5試行分のKRをまとめて与えられる群と2回に1回KRを与えられる群）ならびに学習者が希望したときにのみKRを利用する群，そして学習者が希望したパターンをそのままあてはめられた群（「くびき群」と呼ぶ）の全体4群で成績を比較した結果（Janelle et al., 1995），学習者によって選択的にフィードバックが利用された群の保持テストの成績がもっとも優れていた．また，筒井・佐藤（2015）は，フィードバックの要求頻度が課題試行全体のほぼ50％程度になるように困難度を調整した上で，毎回KRを提供される群，選択的にKRを利用する群，そしてくびき群（選択的利用群が選択したのと同じ試行でKRが提供される群）の3群で，学習中の試行成績と保持テストの成績とを比較した．分析の結果，学習中および保持テストの両方において，選択的にKRのフィードバックを利用した群の成績が優れていた．これらの実験結果からは，運動技能の習得と向上に関わり外在フィードバックが有効に働くためには，学習者が練習に自律的に取り組むことができていること，すなわち練習のプロセスを自己調整できていることが重要である（工藤，2003）と示唆される．

# 第5章 運動嫌い，学習性無力感，バーンアウト

　人口の高齢化がすすむ今後の社会を見すえ，生活習慣病の予防や健全な社会生活を送るための心身の維持・向上の重要性がさけばれている。そのような中，次代を担う若者に対しては，健康な運動習慣を持つことの必要性が指摘されている。本章では，そのような時代の要請をふまえ，運動やスポーツに意欲的に継続し取り組むことの対極に位置づけられる，運動嫌いやバーンアウトなどについて考える。

## 1. 運動嫌い

### (1) 運動嫌いの割合
　2008（平成20）年から2017（平成29）年にかけて実施された「全国体力・運動能力，運動習慣等調査」（スポーツ庁，2018）では，「運動やスポーツが嫌い」および「やや嫌い」と答えた小学生（5年生）の割合が，男子は5.8%から8.9%，女子は11.2%から18.8%の範囲を示した。一方，中学生（2年生）の割合は，男子が9.4%から13.4%，女子が20.5%から27.3%の範囲であった（図5-1および図5-2）。また，ベネッセ教育総合研究所（1999）が実施した調査研究によれば，「運動が嫌い」および「あまり好きでない」と回答した小学校5・6年生（男子1003名・女子980名）は，男子が9.7%，女子が19.6%であった。その他，いくつかの研究において調査対象の特徴として把握された運動やスポーツの好き嫌いのデータでは（表5-1），男子における「嫌い」の割合は3%から9.7%の範囲であり，女子では7.3%から19.6%の範囲であった。これらの

第5章 運動嫌い，学習性無力感，バーンアウト

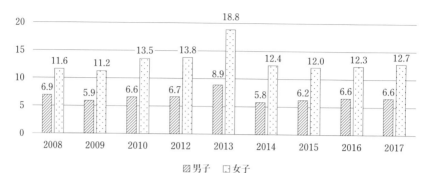

図5-1 小学生の運動嫌いの割合（%）（スポーツ庁，2018）

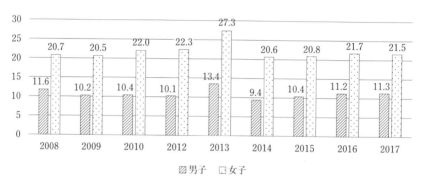

図5-2 中学生の運動嫌いの割合（%）（スポーツ庁，2018）

表5-1 過去の研究・調査で報告された運動が嫌いな子どもの割合

| 著者（報告年） | 調査対象・人数 | 運動嫌いの割合 |
| --- | --- | --- |
| 佐久本・篠崎（1979） | 小学校高学年男子467名・女子439名<br>中学校男子764名・女子644名 | 男子 3.0%　女子 10.0%<br>男子 3.5%　女子 7.3% |
| ベネッセ（2000） | 小学校5・6年男子1003名・女子980名 | 男子 9.7%　女子 19.6% |
| 井上ほか（2002） | 小学校5・6年男子110名・女子110名 | 男子 7.3%　女子 9.1% |
| 佐々木・須甲（2016） | 小学校5・6年，中学校1年から3年<br>男子357名・女子320名 | 男子 3.7%　女子 12.2% |

結果から，小学校の高学年児童から中学校生徒においては，男子はおおよそ5％前後から10％前後，女子は10％前後から20％前後が，それぞれ運動やスポーツが嫌いな児童生徒の割合と言えそうである。男子に比べて女子の割合は，ほぼ2倍である。女子は，小学校高学年から中学校にかけて，第二次性徴による体形の著しい変化や月経の始まりなどがある。このようなことがきっかけとなり，運動やスポーツに取り組むことの考え方や，運動やスポーツそのもののとらえ方に変化が起こるのかもしれない。しかし，そのような心身の成長発達に伴う事柄のみが，運動やスポーツを嫌いになることの唯一の原因になるわけではないことは言うまでもない。後にみることになるが，その原因には，心理社会的な要素が含まれると考えられている。

(2) 運動嫌いの定義

「運動嫌い」とはどのような人のことをいうのであろうか。小学校から高等学校の児童生徒，大学生，また中高齢者では，その意味合いが異なると考えられる。本書では，特に学校における教育内容として運動やスポーツに取り組む児童生徒の運動嫌いを考えることにする。

ところで，運動に積極的に取り組まない，あるいは取り組もうとしないなど，おもてに見える「行動」のみに着目して運動嫌いをとらえようとした場合，好きか嫌いかということの前に，そもそも運動やスポーツに興味・関心がなくて動こうとしない者も運動嫌いに含めてしまう可能性がある。興味・関心がないことと運動することやスポーツに取り組むことを嫌うこととは，分けて考える必要がある。一般的に，ある対象に対する好き嫌いとは，個人の心理に関わる感情的成分と認知的成分，そして行動的成分が相互に作用して現れる態度ともとらえられる。したがって，運動嫌いの概念を明確に示す上でも，感情，認知，行動などをふまえた説明が必要になる。

運動嫌いの概念を考える上で参考になると思われる指摘の1つに，佐久本(1970)の示した，以下の説明があげられる。「運動ぎらいは何らかの原因によって運動学習がマイナスの誘意性を帯びている状態であって，一般的事態では，葛藤状態におかれ，運動への接近と回避という行動の間で振子反応がくりかえされている状態」(佐久本，1970)である。また同時に，運動嫌いの「運動」の

対象や「嫌い」についての解釈，さらに運動嫌いをとらえる側の問題意識などが多様であることも考慮しなければならないと言われている。そして，それらをふまえた上で「体育やスポーツ活動を行うこと一般に対して極端に嫌う態度またはこの種の態度に色取られた個人の総称」と定義されている（佐久本，1970）。

なお，先に示した説明の中の誘意性（誘発性とも呼ばれる）とは，対象（環境）が持っている人を引きつけたり避けさせたりする性質のことで，引きつける性質は正の誘意性，避けさせる性質は負の誘意性と呼ばれる（赤井，1999）。ここで留意しなければならないことは，運動やスポーツの場合，その誘意性はそもそも客観的に存在しているのではなく，その運動やスポーツに取り組む人の主観（認知）によって生まれるという点である。例えば，「10キロのショートマラソンを30分以内に完走する」ということは，誰にとっても同じ内容の課題である。これに取り組みたいと思うか（接近），したくないと思うか（回避），すなわちそれが正負どちらの誘意性を帯びるかは，その人が10キロメートルを30分以内に完走することにどのような価値を持つかによって異なってくる。このように考えると，運動やスポーツを，それに取り組む人がどのように認知的に評価しているのかによって，運動嫌いになるのかならないのか，またその度合い（強くいやだと思うのか，それとも少しだけいやだと思うのか）が決まると考えられる。

ところで，人間の情動の起源は正確には明らかにできない。しかし例外的に，嫌悪の起源は，はっきりしていると考えられている（イザード，1996，p.297）。すなわち，味覚における苦味への反応が嫌悪感の起源であり，味覚以外の嫌悪感情はすべてこの上に成り立ち（ハーツ，2012，pp.44-45），人間はさまざまな出来事や対象物（自分も含む）への嫌悪感を発達の過程で学習していくとされている。また，苦味への反応として生じる嫌悪の表出は，学習や記憶とは独立した神経化学的プロセスによるものであるが，その進化的な意味を問うことで，あらゆる情動表出の心理学的意味を明確にできると指摘されている（イザード，1996，pp.296-308）。苦味による嫌悪の表出は，有毒物質（腐った食べ物など）を体内に入れないようにするために，防御したり除去したりすることを動機づけるというはたらきをしている。人が苦味によって嫌悪感や不快さを示すとき

は，額や目，鼻の周り，あるいは口元にしわを寄せる。鼻の周りにしわが寄ると鼻への空気の流入量が減り，目が細くなると視界が狭くなる。これは「身体を閉じる」ことによって，刺激物の侵入から逃れようとしていることを意味している（ハーツ，2012, p.44）。

　これらの嫌悪感情（嫌悪感）に関わる知見に基づけば，運動嫌いは，まず，経験を通じて学習されるものであると指摘できる。そして，機能的には，自らにとって嫌悪を呼び起こす刺激（対象）である運動やスポーツの課題，あるいはその練習を拒絶したり回避したりするために生じ，そのための行動を動機づけ，それが態度として表出されたものと説明できる。また，心理ならびに身体的には「自らを閉ざす」という機能的意味を持つとすれば，「意欲が出ない（あるいは，意欲的にならない）」「動けない・動かない」「動きたくない」という反応は，刺激である課題を自分から締め出すための反応とも受け取れる。

　以上のことをふまえ，本書では，児童生徒の運動嫌いを次のように定義する。

　　運動嫌いは，成長・発達の過程で，個人の主体的要因および学校や家庭などの環境的要因が複合的に作用して学習されるものであり，運動やスポーツそのもの，あるいはそれに取り組むことが不快なものとして認知的に評価され，それを拒絶したり回避したりするために，意欲の低下と共に否定的な感情を伴って選択される思考や行動，あるいは態度の総称である。

　「個人の主体的要因」とは，運動能力や体力，性格，健康状況，対人関係，幼児期の身体活動に関する経験などのことであり，「学校や家庭の環境的要因」とは，教師の指導方針・指導理念・指導方法，授業形態，教師の人間性・性格，親の運動体験とその内容，親子関係，兄弟関係，仲間関係などを指している（佐久本，1970）

## (3) 運動嫌いの生成機序

　波多野・中村（1981）は，運動嫌いを「みずからスポーツ活動や身体運動を行うことに対して否定的態度を有する個人の総称」と説明し，どのような要因がいかに関連して運動嫌いになるのかを事例検討している。図5-3は，その結

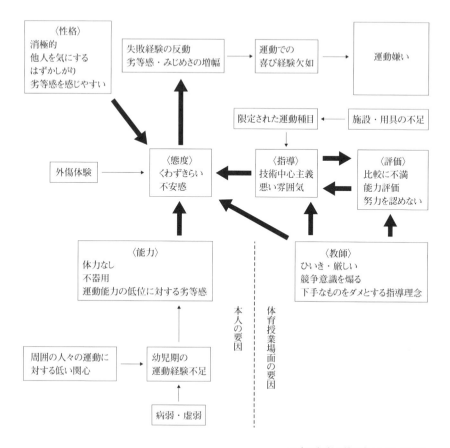

※太い矢印：特に多くみられた関連
図5-3 「運動嫌い」の生成機序（波多野・中村（1981）を元に作成）

果として得られた，運動嫌いになることに関係すると思われる要因（家庭的要因，本人自身の要因，体育授業の要因，教師の要因，成績評価の要因）を調査対象者の語りに基づいて関連づけた図である。学校体育のあり方に対する問題提起を含む研究であるため，体育授業の要因がクローズアップされているが，運動嫌いの子どもがどのように生まれるのかが分かりやすく示されている。

まず本人の要因としては，体力や運動能力のなさから生じる劣等感と性格的な要因の影響による不安の増長，そして，それらに伴う運動への取り組みを避

表 5-2　運動嫌いの特徴（佐久本，1970）

| 特徴の内容 |
| --- |
| ・運動嫌いになる過程は情緒的な問題という意味で，固有のストーリーがある |
| ・「嫌い」の情緒性は，漠然としたものから憎悪の域に達するものまで多彩である |
| ・運動嫌いのものは，運動意欲を失っていることに加え，運動学習を積極的に拒否しようとする情緒的身構えを持っている |
| ・運動によって友人や教師とのラポール（共感的な信頼関係）を深めようとしない，一種の関係失調がみられる |
| ・予想外に教師の手が差し伸べられていない |
| ・どうして嫌いなのかを考える思考方法や機会に乏しい |
| ・運動の学習活動は行われるが，学習過程が生じていない |
| ・運動学習場面では，他律的，消極的，機械的行動になりやすく，持続性や解放性に乏しい |

けようとする態度の形成があげられる。さらに体育授業に関わる要因としては，教師の指導方針や指導理念による運動能力の低いことが受容されない環境での学習があげられる。そして，これらの要因の相互作用による失敗経験の蓄積，劣等感の増幅，運動の楽しさや喜びの経験欠如が，おそらくは循環的にはたらき，運動嫌いが生み出されるのではないかと考えられる。また，周辺的な要因として，身近な人々の運動への関心の低さが位置付けられている。このことは，行動の形成に関わるモデリング（観察学習；第3章 p.48 を参照）が，運動嫌いになることにもあてはまることを示している。

　また，このようにしてなった運動嫌いの特徴としては，運動嫌いは個人の個別的な経験を通じて固有に形成されるものであること，運動意欲の低下や運動学習に対する強い拒否的態度がみられること，運動への取り組みを通じた周囲との人間関係が構築できていないことなどが指摘されている（表5-2；佐久本，1970）。

## 2. 学習性無力感

### (1) セリグマンの実験
　体育授業における運動種目の好き嫌いに関する調査研究で，ほぼ共通に嫌いな種目の上位にあがるのが鉄棒である。「出来」「不出来」がはっきり分かって

しまうことや，細い鉄棒上で体を支え，さらに回転などの運動を行うスキルの難しさが，「努力してもできない」という経験に結びつくことなどもその理由にあげられるであろう。このような，いくら頑張ってもできないということは，運動やスポーツに限らず日常生活の様々なことへの取り組みでも起こる可能性がある。そのとき私たちは，最初は努力するかもしれないが，変わらない結果にやがて怒りやイライラがつのり，さらに悲しみや悲嘆が生まれ，最後には何をやってももう無駄だと無気力な状態に陥るかもしれない。このような無気力（無力感）は，失敗や挫折などの否定的な経験を繰り返すことで学習されることを明らかにしたのが，マーティン・セリグマン（Martin Seligman, 1942-）である。

　セリグマン（Seligman and Maier, 1967）は，犬を用いた次のような実験を行った。2匹の犬にはそれぞれ脚に電流が流れるように装置がつけられ，さらにハンモックのような実験台にそれぞれ固定された。そして合図なしに電気ショック（命に別状はないが，嫌悪を抱かせる刺激）が与えられた。ただし，一方の犬は，電気ショックに驚き頭を動かした際に，偶然にでも頭部付近にあるパネルに触れると電流が止まる仕掛けになっている（刺激回避可能群）。これに対してもう一方の犬は，パネルに頭が触れても電流は止まらないようになっている（刺激回避不可能群）。ただし，与えられる電気ショックの回数と長さは刺激回避可能群と同じになるように仕掛けられている。すなわち，刺激回避可能群の犬の頭がパネルに触れて電気ショックが止まると，回避不可能群の電気ショックも連動して止まる仕組みになっていた。これにより，両方の犬は同じ回数と長さの電気ショックを受けるが，一方はそれを自ら回避できるのに対し，他方は電気ショックがいつ始まってどのくらい続くのかが分からず自分では回避できない状況に曝されたことになる。電気ショックは数十回与えられた。

　次に，翌日になってこれらの犬にはさらに次のような実験が課せられた。今度は，合図（光）の後，床に電流が流れる実験箱の中に入れられた。ただし，犬は固定されていないため，自由に動くことができた。また，実験箱は犬の肩程度の高さの壁で半々に仕切られており，犬は，合図の後，壁を飛び越えて反対側に移れば電気ショックを受けずに済む（電流が止まる）仕組みになっていた。すなわち，今度の実験では，どの犬も動いて壁を飛び越えさえすれば，電

気ショックを自ら回避することができた。

　2回目の実験における犬の行動は，次の通りであった。まず，前日の実験で刺激を回避できたグループの犬は，実験の最初の方では，電気ショックに驚きいろいろな反応を示したが，そのうちにたまたま壁を越えて隣側に移ると電気ショックがなくなることを経験した後は，繰り返される電気ショックに対して壁を越えて隣側へ移る反応が早くなっていった。すなわち，電気ショックを回避する方法を学習していったことになる。一方，前日の実験で電気ショックを自ら避けられなかったグループの犬は，電気ショックに驚いて動き回ったがすぐにあきらめてうずくまり，電気ショックを耐えながら受け続けた（波多野・稲垣，1981；外山，2011）。

　セリグマンは以上のような実験をネコやネズミなどでも行い，同様に無気力に陥ることを確認した。そして，電気ショックを自ら回避できなかった群の犬が，回避可能な別の状況になっても電気ショックを避けようとせずに無気力に受け続けたのは，前の実験において，電気ショックが来てもそれを自ら避けることができないことを学習したためであると考えた。セリグマンは，このような現象を学習性無力感（learned helplessness）と呼んだ。

## (2) 行動と結果の随伴性および統制可能性

　通常，人の行動には何かしら目的があり，行動はその目的を達成するために動機づけられて起こる。しかし，行動が常に望んでいる結果に結びつくとは限らない。それはスポーツ選手においても同様で，選手は大会における勝利や自己記録の更新などの結果を求めて日々練習に取り組み本番に臨む。しかし，その結果は望んだ通りの場合もあれば，期待した結果が得られない場合や，予想に反した結果の場合もある。行動と結果の関係において，自分の行動と結果が結びついている場合は，行動と結果には随伴性があるという認知（随伴性認知）が形成され，結びつかない場合は随伴性がないという認知（非随伴性認知）が形成されると考えられている。

　また，行動と結果の間に随伴性がある場合，その結果は自らが生み出したことになるので，自らが結果をコントロールできているという感覚（統制可能性の認知）を持つことができる。一方，行動と結果に随伴性がない場合は，自ら

が結果をコントロールしているという感覚を持つことはできない（統制不可能性の認知）。したがって，セリグマンにより発見された学習性無力感は，行動と結果の関係という視点からは，非随伴性と統制不可能性の認知が繰り返し生じて陥った無気力状態であると説明できる。特に非随伴性の認知は，動機づけ，認知，情動の各側面に障害を引き起こすと考えられている。すなわち，①自発的に行動しなくなる（意欲の低下）。②客観的には行動によって結果を変えられるような状況でも，そうすることができると認知するのが困難になる（自己効力の低下）。③強い挫折感と抑うつ的な気分が高まる（否定的感情の支配）。スポーツ場面にあてはめれば，練習を重ねても勝利や向上に結びつかないという経験が繰り返されると，競技や練習に対する意欲を失い，自分は何をしてもどうせできないと考えるようになり，投げやりな気持ちや落ち込んだ気分になって，最終的には無気力になっていくということである。

　運動嫌いになる場合の原因の1つには，このような無力感の形成が関連していると考えられる。自分はうまくできないということを繰り返し経験すると，自分の取り組みと結果に関する非随伴性と統制不可能性の認知が蓄積され，やがて無力感にとらわれてしまう。また同時に，そのような経験と否定的感情は劣等感の形成と増幅へとつながり，認知的に「自分は〇〇だから（例：不器用だから，足が遅いから，みんなに笑われるから）したくない」と考え，運動やスポーツへの取り組みを避けるような認知が優勢になり，拒否的・回避的な行動が選択されるようになる。このような認知と行動は，結果的に成功を経験するための機会やそこから得られる喜びや満足感などの肯定的感情の欠如をもたらし，態度としての運動嫌いが形成されると考えられる。

## 3. バーンアウト

### (1) バーンアウトとは

　バーンアウト（burnout）は，アメリカの心理学者であるフロイデンバーガー（1926-1999; Freudenberger, 1974）により，はじめて臨床に基づく概念が示された。それは，フロイデンバーガーが1970年代の半ばから1980年代の半ばにかけて，ニューヨークにおけるフリー・クリニック運動（free clinic movement：ボランティアを活用し，貧困者やホームレス，薬物中毒者などに対して無料あるいは低料金で必要な医療を提供する活動）に参加し，そのスタッフに起こったことに基づいて導かれたものであった。バーンアウトは，人の持つ気力や体力，あるいは才能に対する過度の要求によって起こる，心身の衰弱，疲労，消耗である（Freudenberger, 1975）と指摘された。その後，医療，福祉，教育など，人を対象とするサービス関連の職種につく人々を中心に研究が行われ，特に看護師に多発することが示された（田尾・久保，1996, p.99）。その理由には，以下のようなことがあげられている。看護師のクライアント（サービス対象者）の多くは，看護師との人間関係が弱い立場にあるような人々であり，看護師はその人々に対して献身的に接する必要がある。しかしその反面，仕事を成功させるためには冷静さが求められ，客観的な態度を守らなければならない。すなわち，優しさと厳しさの両立が求められ，しかもそれが長く続くことにより，深刻な役割葛藤を抱えることになる。また，対象者の生活に深く関わるため極度の緊張を強いられる。しかし一方で，そのような状況に耐え続けても，それに見合う成果や評価が得られるとは限らない。病気が治るか治らないかは，看護師の努力には左右されない場合が多い（田尾・久保，1996, pp.11-12）。言い換えれば，看護師は，自らの行動と結果に関わる非随伴性と統制不可能性が認知されやすい状況に曝されていると言える。したがって，バーンアウトは学習性無力感の1つであるとも指摘されている（Cherniss, 1980）。

　バーンアウトの具体的な症状を理論的に示したのはマスラック（Maslach）を中心とするグループである。マスラックらが作成したバーンアウト測定尺度（Maslach's Burnout Inventory（MBI）：Maslach and Jackson, 1981）は，数多くの研究で用いられている。MBI（表5-3）では，バーンアウトが「情緒的消耗感（emotional exhaustion）」「個人的達成感の後退（reduced personal accomplishment）」「脱人格化（depersonalization）」の3つの症状からなる症候群ととらえられている。情緒的消耗感は，バーンアウトに陥っていることを表す中心的な症状とされており，疲れ果てた，働くことはもうできないなどの否定的な認知や気分を指している。個人的達成感とは，自分がするべきことはやり遂げたと自覚できることであり，満足感や充実感などの肯定的な気分が伴う。したがって，その後退とは，やり遂げた感覚を得ることができず，肯定的な気分を実感

表5-3 マスラックのバーンアウト尺度（田尾・久保，1996，p.30）

| 下位尺度 | 項目 |
| --- | --- |
| 情緒的消耗感 | 私は自分の仕事で情緒的な消耗を感じる。<br>私は日々仕事を終えたあと，疲れ果てたと感じる。<br>私は朝起きたときに疲労を感じ，その日の仕事を他の日にまわさなければならない<br>一日中人々と共に働くことが，私にとってはまったくの負担となる。<br>私は自分の仕事で精根が尽きるときがある。<br>私は自分の仕事によって欲求不満を抱く。<br>私は自分が職務に対し熱心に働き過ぎていると感じている。<br>人びとと共に働くことは，直接に，私には多すぎるストレスを課している。<br>私は自分が進退きわまる事態にいるような気がする。 |
| 個人的達成感の後退 | 私は自分の対象者がどのように物事を感じているのか，たやすく理解することができる。<br>私は自分の対象者の問題を非常に効率よく取り扱っている。<br>私は自分の仕事を通じて，他の人びとの生活に積極的に影響を及ぼしていると感じる。<br>私は非常に精力的であると感じる。<br>私は自分の対象者とともにくつろいだ雰囲気を作り出すことができる。<br>私は自分の対象者に近しく働きかけた後，自分の気分が引き立つと感じる。<br>私はこの仕事において，多くの価値のある事柄を成しとげてきた。<br>自分の仕事において，私は情緒的な問題を非常に冷静に取り扱っている。 |
| 脱人格化 | 私は自分がある対象者をあたかも彼らが人格を持たない「物体」であるかのように扱っていると感じている。<br>私はこの仕事につく以前よりも，人びとに対して冷淡になってきた。<br>私はこの仕事が自分を，情緒的に無感覚にさせていくのではないかと心配している。<br>私はある対象者の身には，何が起こっても心底からは気にしない。<br>私は対象者たちが彼らの問題のうちの一部について，私を責めているように感じている。 |

することができていない状況を表している。脱人格化とは，消耗を避けるためにクライアントを避けたり突き放したりして，距離をおくようにすることと説明されている。また，バーンアウトが進行するとこれらの他に，スケジュールへのこだわりが極端に強くなったり，仕事場の改善や改良，新しい計画の導入に反対するなど，固執的態度が見られたりするようになる（Mattingly, 1977）。さらに，急に黙り込んだり，怒りっぽくなったり，少しのことで腹を立ててイライラしたりするなど，行動が不安定になる（Freudenberger, 1975; Mattingly,

1977) とも言われている。

(2) スポーツ選手にみられるバーンアウトの症候

1980年代の後半になると，バーンアウトはスポーツ場面の検討課題としても取り上げられるようになる。スポーツに関わる最初のバーンアウト研究は，スポーツコーチを研究対象とするものであった (Caccese and Mayerberg, 1984)。さらに，マスラックら (1981) の示した構成概念は，スポーツ選手におけるバーンアウトの検討にも援用されるようになり，リーデクとスミス (Readeke and Smith, 2001) は，「情緒的消耗感」「個人的達成感の後退」「脱人格化」の3つの症候がスポーツ選手にも適用できるかどうかを検討し，その上でこれらを把握するための尺度を作成した。具体的には，情緒的消耗感に身体的な側面を加えて「emotional/physical exhaustion：情緒的・身体的消耗感」，個人的達成感はスポーツの能力や成績・成果のこととして「reduced sense of accomplishment：成就感の後退」，脱人格化については，選手にとって関わりの対象であるスポーツそのものから距離を置くことと解釈して「devaluation：スポーツ価値の引き下げ」とそれぞれがとらえ直されている。そしてこれらの構成概念の妥当性が確認され，アスリート・バーンアウト調査票 (Athlete Burnout Questionnaire：ABQ) が提出された (表5-4)。

一方，国内では，岸ほか (1988) が，やはりMBIを用い，さらに独自の視点による内容を加えた競技場面用の項目を作成し，大学生を対象とする調査分析を行ったうえでスポーツ選手のバーンアウト症候群を検討した。その結果，「競技に対する情緒的消耗感」「個人的成就感の低下」「チームメイトとのコミュニケーションの欠如」「競技への自己投入の混乱」と解釈できる4つの症候が示され，これらをもとにスポーツ選手のバーンアウト傾向あるいはその程度を測定できる尺度が提出された (表5-5)。提出された尺度は，「運動選手のバーンアウト尺度 (Athletic Burnout Inventory：ABI)」として，国内のスポーツ選手を対象とするバーンアウト研究に利用されている。また，近年では，雨宮 (2014)，雨宮ほか (2013) が大学生スポーツ競技者版バーンアウト尺度 (Burnout Scale for University Athlete：BOSA) を作成し，大学生競技者のバーンアウト症候として「対人情緒的消耗」「個人成就感の欠如」「練習情緒的消耗」「部

表5-4 アスリート・バーンアウト調査票（佐々木，2004）：Athlete Burnout Questionnaire（Readeke and Smith, 2001）

| | |
|---|---|
| 教示文：以下のような気持ちや状態を，あなたは最近どの程度感じていますか | |
| 1 | 私は [　　　　　　　] に関するたくさんのやりがいのあることを成し遂げている |
| 2 | 私は練習のせいでかなり疲れており，他のことをするためのやる気がなかなか出てこない |
| 3 | 私が [　　　　　　　] のために費やしている努力は，他のために費やした方がましだ |
| 4 | 私は [　　　　　　　] に対する取り組みがもとで，あまりに疲れ過ぎている |
| 5 | 私は [　　　　　　　] の成績や成果を十分に上げていない |
| 6 | 私は [　　　　　　　] の出来栄えを以前のようには気にしていない |
| 7 | 私は [　　　　　　　] の能力を上げていない |
| 8 | 私は [　　　　　　　] のせいでくたくたに疲れている |
| 9 | 私はかつてのようには [　　　　　　　] に心を奪われていない（心酔していない） |
| 10 | 私は [　　　　　　　] のせいで体がぼろぼろになってしまった感じだ |
| 11 | 私は [　　　　　　　] で成功することに対して，かつてよりも関心が少なくなっている |
| 12 | 私は [　　　　　　　] に取り組む上で求められる精神的なことや身体的なことのせいで疲れ切っている |
| 13 | たとえ私が何をしようとも，本来すべきかたちにはうまくやり遂げられない |
| 14 | 私は [　　　　　　　] の選手として成功していると感じている |
| 15 | 私は [　　　　　　　] に対して否定的な印象を持っている |

注）回答法は5段階法で「ほとんどない（1点）・まれに（2点）・時々（3点）・しばしば（4点）・ほとんど常に（5点）」の内から最も当てはまる一つを選択する。項目1と14は逆転項目である。下位尺度は以下の通りである。
①情緒的・身体的枯渇：項目 2, 4, 8, 10, 12
②成就感の後退：項目 1, 5, 7, 13, 14
③スポーツ価値の引き下げ：項目 3, 6, 9, 11, 15
Readeke and Smith（2001, p.306, Appendix）を著者が訳出したものである。ただし，「教示文」は論文内容から著者が判断し加筆した。各項目の [　] 内には，回答者自身が取り組む種目名を入れて回答する。

活動の価値下げ」の4つの内容を示し，「個人的成就感の欠如→部活動の価値下げ→対人情緒的消耗・練習情緒的消耗」というプロセスを経てバーンアウトへと至ることを明らかにしている。

これまでみてきた通り，スポーツ選手のバーンアウトを特徴づける症候は，マスラックらが示した3症候に準拠していると言える。人を対象とするサービス職に就く人々とスポーツ競技者とでは，症候の内容に若干の違いが見られるようではあるが，対象（人・競技）への取り組みあるいは関わりにおける心身の消耗感，成就感の欠如・低下，対象へのかかわりに関する価値意識の低下という点についてはほぼ共通していると考えられる。

## 3. バーンアウト

表 5-5　Athletic Burnout Inventory（岸ほか，1988）

| 項　目 |
| --- |
| 1. 私は自分の競技生活にうんざりしている。 |
| 2. 私はチームに自分なりに貢献している。 |
| 3. 私は競技に燃え尽きたと感じる。 |
| 4. 周りの人達は私を快く思っていない。 |
| 5. 自分自身の競技の目標がはっきりと定まっていない。 |
| 6. チームメイトは自分にとって大切な人達である。 |
| 7. 競技をすることがつまらなくなったと感じる。 |
| 8. 私はクラブに関する問題をうまく解決している。 |
| 9. 練習することは今の私にとって大きなストレスになっている。 |
| 10. 私はクラブの人達と親密な交際ができなくなっている。 |
| 11. 以前平気でやっていた練習が今は嫌でたまらない。 |
| 12. 私の競技生活は、これまで非常に価値のあるものであった。 |
| 13. 私は競技に行き詰まっていると感じている。 |
| 14. 私の役割やチームへの貢献はメンバーから十分に認められている。 |
| 15. チームメイトとのコミュニケーションが少なくなった。 |
| 16. 私はクラブの人達と、リラックスした雰囲気を容易に作ることができる。 |
| 17. 私は練習のしすぎだと思う。 |
| 18. 私はクラブの人達からよく理解されている。 |
| 19. 私はチームメイトと練習した後は有意義な気持ちになる。 |

注）教示文は「各質問項目について、以下に示す 0〜6 の規準に従って、その気持ちがどのくらい頻繁に起こるか最も適当な番号を選んで、右の□の中に記入して下さい。」である。回答法は、「ない：0点」「年に数回：1点」「月に一回：2点」「月に数回：3点」「週に一回：4点」「週に数回：5点」「ほぼ毎日：6」の7件法である。下位尺度は以下の通りである。
①競技に対する情緒的消耗感：項目 1, 3, 5, 7, 9, 11, 13, 17
②個人的成就感の低下：項目 2, 8, 14, 16, 18
③チームメイトとのコミュニケーションの欠如：項目 4, 10, 15
④競技への自己投入の混乱：項目 6, 12, 19

### (3) スポーツ選手におけるバーンアウトの発症過程

　スポーツ選手のバーンアウト生起に関する理論的枠組みは、スミス（Smith, 1986）によってはじめて示された。それは、心理学的ストレス研究の認知的評価理論に基づいて構築されたモデルである。バーンアウトの原因となるストレッサーとしては、状況的な要因として、個人の能力を超える過剰な要求、努力に応分の見返り（成績、成果、効果、報酬）の欠如、サポート資源の欠如などがあげられている。そしてこれらに対して、この状況は自分にとって荷が重すぎる、コントロールできない、成就感や価値観を持つことができない状況である、

などの認知的評価が行われ，一時的なストレス反応として緊張や怒り，不安や抑うつ，不眠や疲労などが生起することになる。しかし，その対処行動では，行動の柔軟さを欠く，状況の改善につながる行動ができない，対人関係に問題を生じさせる，活動から離脱してしまうといったことがみられるようになり，バーンアウトへと進むという流れが示されている。また，個人の特性的な要因である性格や動機づけが，どのような状況的要因に遭遇するか，どのような認知的評価が行われるか，どのような心理的・身体的・行動的ストレス反応が生じるか，どのような対処行動がとられるのかに影響を及ぼすと指摘されている。心理学的ストレス研究の理論的枠組みに基づけば，バーンアウトは心理的，身体的，行動的なストレス反応であり，その原因に対する適切ではない認知的評価と対処行動によってもたらされている可能性がある。スミス（Smith, 1986）のモデルは，このようなバーンアウトの発症プロセスを，簡明に説明している。

　一方，国内では，中込・岸（1991）が臨床の視点からスポーツ選手のバーンアウト発症の過程を明らかにしている。中込・岸（1991）は，バーンアウトは一過性の競技意欲の低下などとは異なるものであるとする前提に立ち，「病前性格―発病状況―症状」というプロセスを重視した。図5-4は，バーンアウトに陥ったと考えられる複数の事例検討を通じて明らかにされたバーンアウトの発症機序である。

　まずバーンアウトの発症に関わる人格的特徴（病前性格）として，まじめさ，熱心さ，完璧主義，執着的性格などが指摘され，これらがスランプやけがなどが原因となって競技生活が停滞したときの，強い焦燥感や競技に対する固執の原因になるとされている。次に，競技に熱中し相応の成果を実感していた過去の経験を持つ中で，けがやスランプに陥って成果が思うように得られなくなったとき，それでも競技に固執することが結果的に精神的・身体的消耗へとつながっていくことが示されている。そしてそのような固執を強くさせる人格的特徴として，早期に，かつ，自分の競技世界という狭い範囲の中で限定的に形成されたアスレティックアイデンティティが指摘されている。また，競技が自己愛の対象となり，停滞や報われない経験が自己愛的外傷体験になってしまうとも指摘している。そしてバーンアウトに至る過程の後半においては，危機的状況（けが，スランプ，環境の変化（例えば，高校から大学への移行）に対する適応

3. バーンアウト

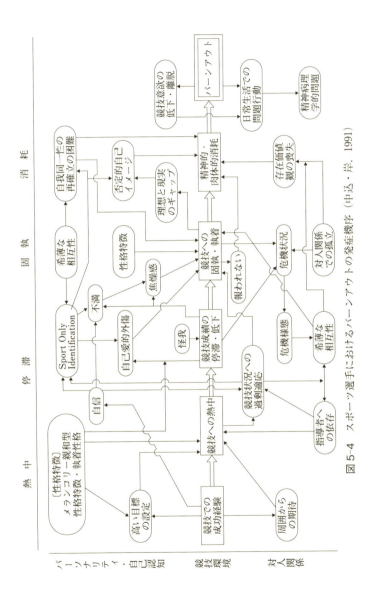

図 5-4 スポーツ選手におけるバーンアウトの発症機序 (中込・岸, 1991)

の困難）にあるにもかかわらず，解決に向けては指導者のみに依存し，仲間などのより広い対人的つながりは逆に切り離すなど，人間的相互関係の希薄さが認められるとしている。

　中込・岸（1991）は，以上のように病前性格，報われない経験，自己同一性の再確立の困難さ，対人的相互性の希薄さの4つの要因が，「競技への熱中→けがやスランプなどによる記録の停滞→競技への固執・執着→消耗」というバーンアウトのプロセスにおいて主要な役割を果たしていると説明した。事例に基づく分析のため，示された要因とその関連を一般化することはできないが（中込・岸，1991），スポーツ選手に生じる状況的要因と主体的要因が，バーンアウトへと向かう中でどのように関連するのかを理解することの重要性が示されたと考えられる。

## 4. 運動嫌い，学習性無力感，バーンアウトへの対処

### (1) 運動嫌いと劣等性・劣等感・劣等コンプレックス

　運動嫌いになる過程を検討した研究（波多野・中村，1981：図5-3）では，本人の要因として，①運動能力が低いことに対する劣等感が自覚されていること，②性格的に劣等感を感じやすいこと，③失敗経験の繰り返しによって劣等感が増すことの3点が指摘されていた。このことから，運動嫌いになる過程では，自分の運動能力が低いことに対して抱く劣等感が重要な意味を持つと考えられる。

　劣等感（inferiority feeling）は一般的に，「容姿，体力，知的能力，性格，血筋，財産，社会的地位などの点で，自分が他者よりも劣っているという感情」（桜井，1999）などと説明されており，運動やスポーツに限らず，ネガティブな行動や結果の原因とされることが多い。しかし，劣等感という用語をつくり広めたアドラー（Adler, 1870-1937）によれば，劣等感とは健康で正常な努力と成長への刺激であり，何ごとかを頑張って取り組み達成しようとするときの動機づけとなるものとして説明されている（アドラー，1996, p.68）。そして，心理的不適応の原因は，劣等感が誇張されて生じる，自分は劣っているという事実を態度として表現する「劣等コンプレックス（inferiority complex）」である

（アドラー，1996，pp. 197, pp. 237-239）と指摘されている。劣等コンプレックスとは，問題や課題への取り組み，あるいはそのために準備することが困難であるときに，劣等感を生じさせている事柄を理由として位置づけ，「私は○○だから解決できない」と，行動的には成功に向かって踏み出すのではなく，問題を棚上げするか排除し，自分の活動の範囲を制限することで失敗を避けることに専念することである（Adler, 1932, p. 52）と定義されている。

　人には，周囲と比較すれば何かしら劣ることがある。そして，それらが何かのきっかけで明らかになったとき，われわれは客観的な事実として自らに劣等性の存在することを認識することになる。そして，存在が認識された劣等性に対して，主観的に劣等であると認めたときにはじめて劣等感が生じる。例えば，鉄棒の逆上がりを何度試みてもできない同じような3人の子どもがいたとする。1人目の子どもは，周りのできる仲間をみながら自分が何度練習してもできないことで意欲をなくし，これ以上は練習したくないという態度を示している。2人目の子どもは，できないことが悔しくて，繰り返し練習に取り組んでいる。3人目の子どもには，自分ができないことを気にするような様子はみられず，教師にやるように言われた練習をまだできていない仲間たちと繰り返している。以上の場合，1人目の子どもは自らの劣等性を認識し強い劣等感を持ち，できないことを理由に劣等コンプレックスを表現している。2人目の子どもは劣等性を認識し劣等感を持ってはいるが，それをできるようにするという目的のための動機づけに変えている。3人目の子どもは自らの劣等性の存在を認識しているが問題にしていない。すなわち，主観的には劣等であるということを意識していないと考えられる。

　このように見てくると，運動嫌いとは，運動やスポーツへの取り組みの中で，繰り返しできないことを経験することにより，自らの運動に関わる劣等性が強く自覚され，それに伴って強固な劣等感が生じ，それ以上の失敗や未達成という経験を回避するために，劣等コンプレックスが顕現化している状態といえる。ここで，劣等感と劣等コンプレックスの違いに着目すれば，劣等感を持つことは決して悪いことではない。すなわち，劣等感の目的は挑戦することを動機づけることであると理解させることが大切である。そして，具体的に何をどのようにすればできるようになるのか，段階的な目標や手立てを主体的に考えさせ，

できるという経験を少しずつ積み重ねていくことが，運動嫌いになることを防ぎ，運動嫌いからの立ち直りを促すと考えられる。

(2) 学習性無力感

できないことが繰り返し経験され，行動と結果に関する随伴性の認知と統制可能性の認知を形成することができず，意欲が低下し，否定的な感情（挫折感や抑うつなど）を伴いながら自分には何もできないという状態に陥ることが学習性無力感であった。しかし，人が無気力になるのは，それだけではない。例えば，自分の行動と関係なく報酬が与えられるという，いわば「できない」といった否定的な状況でない場合でも，人はやる気をなくす（鎌原ほか，1983）。このような場合にも共通していることは，随伴性の認知と統制可能性の認知が得られないということである。

人の意欲と環境をコントロールできるかどうかについて，重要な示唆を指摘したのがロッター（Rotter）とド・シャーム（deCharms）である。ロッター（Rotter, 1966）は，統制の所在（Locus of control）という概念を提唱し，自らの能力や行動に関係なく，環境側の要因によって結果がもたらされている場合を「外的な統制」と呼び，自らの行動が原因となって結果が生じている場合を「内的な統制」と呼んだ。また，ド・シャーム（de Charms, 1968）は，行動を起こす原因が自らにあるか，他者やそのときの状況にあるかということに関する概念として，オリジン（origin）とポーン（pawn）を提唱した。これはチェスのゲームに例えられ，オリジンはコマの「指し手」として自分が自分を自分の意志で動かしている状態であり，ポーンは自分が「コマ」として自分の意志には関係なく誰かに動かされている状態である（市川，1995, pp. 27-29）。学習性無力感に陥るかどうかは，結果が成功と失敗のいずれであっても，自分の行動に随伴しているかという認知が持てるかどうかによって決まると考えられる。ロッター（Rotter, 1966）とド・シャーム（de Charms, 1968）の指摘に従えば，運動の実践やスポーツにおいて，無力感を増長させないようにするためには，練習場面や試合場面において，自分自身の取り組み（行動）と結果との間に，自律的なコントロール感（内的な統制と指し手の感覚）を持てるようにすることが重要であると指摘できる。具体的には，活動の全てとまではいかなくとも，

行動の自己選択と結果に対して自らが責任を負うという機会を持たせることがポイントとなる。

(3) バーンアウト

スミス (Smith, 1986) のモデルに従い，スポーツ選手のバーンアウトをストレスの生起過程からみれば，その対処法としては，まず，バーンアウトの原因となる状況（ストレッサー）との遭遇を減らすことが考えられる。能力に見合わない過剰な要求が長期にわたって課される，努力しても成績が向上しない，期待しているような成果が得られない，などの状況的要因への対応を考える必要がある。なかでも，努力を重ねているのに成果が得られないという場合，第3章で示した原因帰属理論に基づけば，失敗の原因を努力に帰属させることが次への意欲を高める上では有効であることから，なおも努力を促すことが適切かと言えば，そうとは言えない。この場合はむしろ，さらに深刻な挫折感を味わわせることになり，逆に，自分はどう頑張っても能力がないのだという取り返しのつかない能力帰属に至らせる危険性がある。したがって，このような場合には，内的であり固定的でなく，さらに自らコントロールできる要因（市川，1995, p.33）として，練習方法に原因を帰属させるという仕方がある。すなわち，成果が挙がらないのは練習の仕方に問題があるのではないかと考え，練習方法を工夫したり新しく変えてみたりするということである。その他，練習が過剰になっていないか，あるいは目標が不適切に高いレベルに設定されていないかなどを，自律的にかつ仲間や指導者との対人的なつながりの中でモニターしていくことも有効な方法と考えられる。

次に，活動中，ストレッサーに遭遇せざるを得ない状況に陥った場合は，認知的評価と対処行動を適切に行うことが重要である。心理学的ストレス理論では，一般的に，ストレス状態を解消に向かわせる認知的評価としては，状況をいたずらに脅威ととらえるのではなく，自分にとってプラスになる側面を見出し，それを積極的に評価する（例：この苦境は自分をさらに向上させるチャンスで，自分は乗り越えられる，など）ことの方が良いと考えられている。また，対処行動に関しては，感情を抑えることに焦点をあてるのではなく，積極的に問題を解決することに焦点をあてることの方がストレス反応を低減するうえでは

有効とされている。しかし，バーンアウトの過程と発症における特徴に着目すれば，心身の消耗を防ぐということ，成就感の欠如や低下を防ぐということ，そしてスポーツに取り組むことに対する価値の低下を防ぐことに注意を注ぐ必要がある。したがって，場合によっては，状況の脅威となる側面を的確に見据え，あえて心理行動的にコストのかかる積極的対処を選択するのではなく，状況を回避したり，一時的にその環境から離れたりすることで心身の消耗を防ぎ，自分のスポーツへの取り組みについて距離を置いて見つめ直すなどの対処が有効になると考えられる。また，その際には，それをサポートする周囲の存在も欠かさないようにすることが重要と思われる。なお，最近の研究知見（田中・杉山，2015）として，継続的にスポーツに取り組んでいる男子大学生では，ポジティブ感情が高いほど，競技場面のストレス状況では問題解決型の対処行動を選択する傾向が高く，その結果，バーンアウト傾向が低くなっていることが指摘されている。この結果は，バーンアウトに陥っていない者の実態を反映していると考えるのが妥当である。すなわち，バーンアウトしていない競技者においては，バーンアウトにならないようにするために，ポジティブに自らのことや状況についてとらえるようにし，ストレス状況では積極的かつ直接的に問題解決につながるように対処することが良いと考えられる。しかし，バーンアウトへと向かいつつある選手，バーンアウトに至ってしまった選手に対しては，3症候（心身の消耗感，成就感の欠如，スポーツに取り組むことの価値低下）のそれ以上の進行，あるいは悪化を防ぐ対応をしなければならないと考えられる。

# 第6章 スポーツとジェンダー

　近年，性の多様性（diversity：ダイバシティ）に関わる問題が国内外で話題にのぼることが多くなっている。このことは，スポーツへの参加場面でも同様である。本章では，性の多様性に関わる検討課題を，スポーツへの取り組みの視点から取り上げる。はじめに，ジェンダーについての諸概念を整理し，次にスポーツ選手に関連するジェンダー視点に基づく研究を概観する。最後に今後の競技スポーツにおけるジェンダーに関わる検討課題をまとめる。

## 1. ジェンダー

### (1) 性をとらえる新たな考えの登場

　1960年代から70年代にかけて，それまで単純に受け入れられていた「男性と女性の違いは遺伝子の中の性染色体によって決まる」という考え方が修正され始める（マネー・タッカー，1979, p.13）。それは，以前からそのような性の成り立ちに収まりきらない人々が存在してきたということと，それらの人々に対する精神分析などによる治療から，生物学的な性と心理的な性は必ずしも一致しないとみた方が妥当であるという考えが生まれたことによる。このような，性に関わる科学（gender science）や精神分析などの医療の領域において性に関する新たなとらえ方が登場したのは，女性であることの意味を考え直す社会的な動き（第2波のフェミニズム運動）や人種差別を撤廃しようとする公民権運動などが起こった時期とほぼ同じであった。これらの社会的な動きでは，それまでに不平等の対象となっていた性，人種，民族などについて，改めてその問

題を認識する（鈴木・柏木，2006，p.1）ことで，不平等の解消を目指すことが意図されたと考えられる。特に，性に関しては，本来，男女間には優劣がないのにもかかわらず，社会的・文化的な序列の圧力により差別化されていることが問題視された。それは，社会的・文化的な役割期待を基準とする，男性性（masculinity：マスキュリニティ，男らしさ）や女性性（femininity：フェミニニティ，女らしさ）に関わるものである。このような流れは，生物学的性と社会的・文化的性という新たな概念上の区別を必要とし，このことがジェンダー概念の登場につながった（鈴木・柏木，2006，p.2）と考えられている。

(2) 定義

　生物学的な性と文化的・社会的な性を区別し，個人の心理的特性および行動を説明する言葉として，はじめて「ジェンダー」を用いたのはマネーおよびその共同研究者たちである（Muehlenhard and Peterson, 2011）。ただし，それは性役割（gender role：ジェンダー・ロール）および性自認（gender identity：ジェンダー・アイデンティティ）という語句としての使用であり，ジェンダーそのものの概念を明確にしたものではなかった。しかし，マネーらによるジェンダーの使用は，女性と男性の間の多くの違いが，自然の摂理や生物学的な運命により決まるのではなく，社会的に課せられたものかもしれないということを理解するための重要な一歩になった（Crawford, 2006）と言われている。

　ところで，ジェンダー（gender）という用語は外来語であり，その意味に一致する日本語はない。したがって国内では，英単語を音訳し，そのままカタカナでジェンダーと表している（コネル，2008，p.19；マーティン・ヒューストン，2006，p.203）。また，その意味には，一般的に「文化的・社会的な性」という説明があてられ，一方の生物学的な性の意味には，マネーらの区分に従ってセックス（sex）が用いられている。セックスは，遺伝子，内分泌，内性器，外性器，脳，第二次性徴，性行動などの関連する身体，生理，行動などが含まれる複合的な現象である。一方，ジェンダーは，通常は新生児における外性器の外見による男女の識別に始まり，言語習得とともに性自認（性同一性とも呼ばれる）が形成され，同時に文化的・社会的に学習され習得される性役割を実生活の中で実施することで成立する（上野，2006）と考えられている。

1. ジェンダー

　また，ジェンダーを「社会的文化的性差」と説明する場合がしばしばみられる（例えば，福富（2006），田中（1998））。この点について山口（2006, pp. 281-282）は，ジェンダーを社会的文化的性差と訳すのは誤訳であると指摘し，英語における本来の意味合いは「社会的・文化的な性のありよう」であると述べている。また，同様に「社会的・文化的に形成された性別」（内閣府男女共同参画局，2012）などという説明もみられるが，「性別」も「分けること」に焦点化されるため，適正な用法ではないと指摘している。この点については，上野（2006）も，カテゴリーとしてのジェンダーは連続性や中間項を排除した厳格な性別二元制に基づく概念となっており，経験的にとらえられるジェンダー現象が，生物学的な性に基づく諸々の次元を含む重層的で複合的な現象であることと異なっていると指摘している。すなわち，ジェンダーを考えるときに問題とされるべき点は，区別ではなく関係性であり（コネル，2008, pp. 20-21；山口，2006, pp. 281-282），このことを踏まえることがジェンダーの適正な理解につながると考えられる。本書では，ジェンダーについては，山口（2006）の指摘に従い，社会的・文化的な性のありようという意味で用いることにする。

(3) 関連用語

　セックスやジェンダー，あるいはこれらに関わる術語は，必ずしも共通に定義されていない（鈴木・柏木，2006, p. 26）。そこで本節では，特に近年，スポーツ場面でも注目されるようになっている性的指向（sex orientation：性的関係に関わる興味，関心，欲望の対象が異性，同姓，あるいはその両方のいずれを向いているのかということに関する個人の考えや態度（伊藤，2000, p. 7））などに関連する用語について，簡単にまとめる。

セクシュアリティ（sexuality）

　性的欲求，性的意識，性行動およびそれらに関わる行動の総体（鈴木・柏木，2006, p. 64）を指し，具体的には，恋愛に関わる意識や行動，性的指向などがあげられる。いわゆるLGBT（lesbian, gay, bisexual, transgender）は性的指向としてセクシュアリティに関係する。

ヘテロセクシュアリティ（heterosexuality）
　異性に対して性的魅力を感じ，異性を恋愛や性愛の対象とする性的指向のことである。また，その意識に基づいて発展的に行われる行為や行動を指す。日本語では異性愛と呼ばれる。

ホモセクシュアリティ（homosexuality）
　同性に対して性的魅力を感じ，同性を恋愛や性愛の対象とする性的指向のことである。また，その意識に基づいて発展的に行われる行為や行動を指す。homo（ホモ）は，「同じ」という意味のギリシャ語に由来し，「人間」という意味のラテン語とは関係がない。日本語では同性愛と呼ばれる。

レズビアン（lesbian）
　ホモセクシュアリティの1つであり，女性に対して魅力を感じ，女性同士の性愛を指向する女性のことである。女性の同性愛者を指す。古代ギリシャ時代の女流詩人で，残された詩の内容から同性愛者であったとされているサッフォー（Sappho）の誕生地がレスボス島（Lesbos）であった。「レズビアン」という名称は，この島の名前に由来している（マネー・タッカー，1979，pp.30-31）。

ゲイ（gay）
　ホモセクシュアリティの1つであり，男性に対して魅力を感じ，男性同士の性愛を指向する男性のことである。男性の同性愛者を指す。

バイセクシュアル（bisexual）
　男性と女性の両方に対して性愛的な魅力を感じる人を指す。日本語では，両性愛と呼ばれる。

トランスジェンダー（transgender）
　自らの生物学的な性とは異なる性自認を持つ人の総称である。

## インターセックス（intersex）

受精卵における性分化（sex development）の過程で何らかのトラブルがあり，精巣や卵巣あるいは性器の発達が男女それぞれの典型的な身体的特徴とは異なる状態で生まれた人々のことを指す（出生 4500 例に 1 例の頻度：日本小児内分泌学会，2016）。日本語では間性と呼ばれている。近年では，性分化の過程における何らかのトラブルによってもたらされた肉体の状態であることを明確に示すため，性分化疾患と呼ぶようになっている（加藤，2017, p.21）。

## セクシュアル・マイノリティ（sexual minority）

性的マイノリティやジェンダー・マイノリティを総称する言葉で，現在，国内では，レズビアン，ゲイ，バイセクシュアル，トランスジェンダーとして性自認する人々（LGBT）が，一般的にはセクシュアル・マイノリティとみなされている。なお，LGBT に関する心理学的視点に基づく研究は，クイア研究（queer studies）と呼ばれる。クイアとは，日本語の変態やオカマに相当する語句で差別的に使用されてきた言葉であるが，その当事者であるセクシュアル・マイノリティの人々が自らの存在の独自性を，逆に肯定的・積極的に主張するために使用するようになった（加藤，2017, pp.57-58；鈴木・柏木，2006, p.65）。クイアは，LGBT に収まらない性的指向の人々も含めて用いられることから，セクシュアル・マイノリティをより広くとらえる概念とされ，クイアを含めて LGBTQ と表されることがある。さらに，インターセックス（性分化疾患）も含めて，LGBTIQ と表記する場合もある（加藤，2017, p.17）。

ただし，インターセックスの人々がセクシュアル・マイノリティに含まれるかどうかは慎重に考える必要がある。当事者の多くは，自らは体の一部が異なる発達を遂げただけであって，男女以外の性別を求めているわけではなく，性的マイノリティとは考えていないということが，日本性分化疾患患者家族連合会（2018）によって主張されている。

## ジェンダー・アイデンティティ（gender identity）

1 人の人間が，自らの性のありようについて持つ個性の統一性，一貫性，持続性のことである。朝山ほか（1979）が，マネーとエアハート（Money and

Ehrhardt, 1972) が示した「gender identity」を「性自認」と翻訳した。一方，自我同一性の研究領域では，一般的に「性同一性」と呼ばれている。マネーとエアハート (Money and Ehrhardt, 1972) は，性自認は自己洞察（自分自身とはどのような人間であるのか，その本質を奥深く考えること）とそれに基づく行動の経験を通して形成されると説明している。

ジェンダー・ロール (gender role)
　人が他人あるいは自分自身に対して，自分の性のありようを表すために示すあらゆる言動のことである。朝山ほか (1979) が，マネーとエアハート (Money and Ehrhardt, 1972) が示した「gender role」を「性役割」と翻訳した。マネーとエアハート (Money and Ehrhardt, 1972) は，性役割を個人的に体験することが性自認であると指摘し，したがって，性役割とは性自認に関係する考えや態度・行動が公に対して表現されることであると説明している。

ジェンダー・ステレオタイプ (gender stereotype)
　性別（男性と女性）に対して人々が共通に持つ構造化され一般化された認知（信念や思い込み）のことである。表6-1は，ウィリアムズとベスト (Williams and Best, 1990) が世界各地域の25ヶ国を対象に行った調査結果から収集した，男性および女性のステレオタイプを説明する内容としてほぼ共通に認知されている形容詞のリストの一部である（全体では，男性に関して50個，女性に関して50個，あわせて100個の形容詞が報告されている）。

(4) ジェンダー化
　個人が，自ら所属する社会や文化において適用されている言語や行動様式，価値観などを学習し習得していくことを社会化と呼ぶ。そのような社会化が，男性性や女性性を特徴づける役割や行動，価値観などを身につけることとして起こることをジェンダー化と呼ぶ（森永，2006, p.19）。ジェンダー化に影響を及ぼす要因のいくつかは，以下の通りである。

表6-1 ジェンダー・ステレオタイプに関連する形容詞のリスト（Williams and Best（1990）の一部）

| 男性関連 | | 女性関連 | |
|---|---|---|---|
| 活動的な（Active） | 怠惰な（Lazy） | 愛情深い（Affectionate） | おとなしい（Mild） |
| 攻撃的な（Aggressive） | ご都合主義な（Opportunistic） | 慎重な（Cautious） | 神経質な（Nervous） |
| 親分肌な（Bossy） | 進歩的な（Progressive） | 気まぐれな（Changeable） | 辛抱強い（Patient） |
| 大ざっぱな（Coarse） | 理解が早い（Quick） | 愛嬌がある（Charming） | 気が回る（Sensitive） |
| 冷酷な（Cruel） | 理性的な（Rational） | 依存的な（Dependent） | 非現実的な（Softheaded） |
| 頑固な（Determined） | お堅い（Serious） | 感情的な（Emotional） | おしゃべりな（Talkative） |
| 冒険的な（Enterprising） | しっかりしている（Steady） | 怖がりな（Fearful） | 臆病な（Timid） |
| 欲張りな（Greedy） | たくましい（Tough） | こまごましている（Fussy） | 控えめな（Unambitious） |
| 現実的な（Hardheaded） | 冷たい（Unfriendly） | 親切な（Gentle） | 不安定な（Unstable） |
| 無頓着な（Indifferent） | 機転がきく（Witty） | 想像力豊かな（Imaginative） | 思いやりのある（Warm） |

注）著者が訳出。

**身体的特徴**

　生物学的な性のジェンダー形成に対する関りは大きい（鈴木，1997, p.43）とされる。個人差はあるが，性自認は2歳ごろに始まり（鈴木・柏木，2006, p.51），そのころから男女を外見の特徴で分類したり，自分や他者が男女のどちらであるかを判別したりし，積極的なジェンダー・ロールの学習と形成が始まるとされている。

**家　族**

　家族は，個人のもっとも身近にあるジェンダー化への影響要因である。親の年齢，学歴，職業，自身の出生順位，兄弟姉妹・祖父母の有無，親の子育てにおけるしつけの方針などがあげられる（鈴木・柏木，2006, p.53）。特に親は，生まれた直後に子どもの身体的特徴から性別を確認し，一般的にはそれに基づいて，男あるいは女にふさわしいと考えられる物を与えたり，行動を求めたりするようになる。すなわち，親の持つジェンダー・ステレオタイプ（男はこうあるべき，女はこうあるべきという信念）が，子どものジェンダー・ロールの形成に関係している。また，親の家事に関わる役割分担も，子どものジェンダー・ロール形成の身近なモデルとなる。

学 校

　学校生活では，教師や仲間などの家族とは異なる人々が，それぞれのジェンダーやジェンダー・ステレオタイプ，またジェンダー・ロールに基づく考えや行動を表出させている。これらは，相互にとってジェンダーのモデルとなる。また，学校の諸制度には，無意図的に伝達される価値観や行動規範があり，これらは「隠れたカリキュラム」と呼ばれる（村松，2003）。例えば，整列や昇降口の下足入れ，名簿等では男女に分けられることが多い。また，男子の名前が先で女子の名前が後に記載されるなどということが自然に行われる。これらは，男女が異なる存在であること，また，男女の上下関係や優先順位などの意味を含むことになる。表6-2は，それらの事例をまとめたものである。

表6-2　学校における隠れたカリキュラム（村松（2003）を元に作成）

| 場面 | ジェンダーの取り扱い | | | |
| --- | --- | --- | --- | --- |
| | 不必要な二分法 | 性別役割 | 上下関係 | 機会の不均等 |
| 教室環境 | 掲示物の男女別掲示 | | 男子が上・女子が下の掲示 | |
| 学級生活 | 男女別名簿・男女別整列 | 係・委員会などの役割分担 | 男子の意見が採用される | 発言の機会 |
| 学校施設・慣行 | 入学式・卒業式等での座席の二分；出席・成績・保健等の男女別統計 | 行事での役割分担 | 生徒会の役員（長は男子，副は女子；表彰の代表は男子 | 入学者の男女別合格枠 |
| 教師と児童・生徒の関係 | 呼称(さん・くん)の使い分け；「男子は・女子は」の一括りの言い方 | 役割の男女別人数の指示；教科担当についての決め方 | 副や補助の立場の女子に対する割り当て | 男子と関わる時間が長い |
| 児童・生徒同士の関係 | 休み時間は男女に分かれる | 実験の操作は男子，記録は女子 | 実験・司会などの役割担当 | 校庭・運動場の占有率 |
| 教師間の関係 | 男女別職員名簿 | 校務分掌・教科担当の男女による偏り | 女性は主任や部長にしない | 管理職への登用 |
| 保護者・地域との関係 | 学用品の男女色分け購入 | しつけ・挨拶・不登校は母親の責任とみなす | 父親名の保護者名欄 | 就職時の男女で異なる採用数 |

注）内容は，村松（2003）が指摘した当時のものであり，現状とは必ずしも一致しない。

メディア

　国内の健康飲料やサプリメントのCMの内容を分析した研究では，服用後は男性が走り出し，女性は踊り出すというように，男性の元気は仕事へのパワー，女性の元気は生活における軽やかさをイメージさせるという違いがみられた（酒井，2004）。服用の時間帯は男性が仕事前であるのに対し，女性は仕事後が多く，男性は仕事前の元気の注入，女性は仕事後の癒しという形での男女差がみられた（酒井，2004）。また，働く姿の割合は，男性が30.4％であるのに対し女性は13.4％であり，働く主人公が男性である場合が明らかに多かった（ポンサピタックサンティ，2008）。さらに，労働以外の行動にも男女差がみられ，全体的には男性は仕事と遊び，女性は家事と育児という内容であった（ポンサピタックサンティ，2008）。企業が制作するCMの目的は，商品の販売促進であるため，消費者の年齢層や購買層の社会的条件が考慮される。そのため，CM内のジェンダーに関する描写に偏りが生まれると考えられる。

## 2. スポーツとジェンダー

　スポーツとジェンダーについては，主に男女差を視点とする研究が多く行われてきた。本節では，これまでに指摘されているそれらのいくつかを紹介し，スポーツとジェンダーについての知見と今後の検討課題を整理する。

### (1) 女性のスポーツへの参加
　表6-3および表6-4は，近代オリンピック大会（夏季）における参加選手数の推移を，オリンピック全体と国内の男女それぞれについてまとめたものである（関，2016）。女性のオリンピック出場は第2回パリ大会（フランス）に始まるが，そのときの人数は男性975人に対して女性22人であり，参加比率は2.2％と極めて小さかった。その後，女性選手の参加数は徐々に増加してきたが，男性に比べて女性の方が少ない傾向は現在も続いている（2012年ロンドン大会：男性5893人・女性4675人，全数に対する女性の参加数比率44.2％；表6-3）。
　一方，国内では，日本人女性としてはじめてオリンピック大会に参加したのは，1928年アムステルダム大会（オランダ）の人見絹枝であった。人見は陸上

表6-3 近代オリンピック大会（夏季）の参加選手数（関，2016）

| 回 | 年 | 開催地 | 女性実数（人） | 男性実数（人） | 総数（人） | 女性比率（％） |
|---|---|---|---|---|---|---|
| 1 | 1896 | アテネ | 0 | 241 | 241 | 0.0 |
| 2 | 1900 | パリ | 22 | 975 | 997 | 2.2 |
| 3 | 1904 | セントルイス | 6 | 645 | 651 | 0.9 |
| 4 | 1908 | ロンドン | 37 | 1,971 | 2,008 | 1.8 |
| 5 | 1912 | ストックホルム | 48 | 2,359 | 2,407 | 2.0 |
| 7 | 1920 | アントワープ | 65 | 2,561 | 2,626 | 2.5 |
| 8 | 1924 | パリ | 135 | 2,954 | 3,089 | 4.4 |
| 9 | 1928 | アムステルダム | 277 | 2,606 | 2,883 | 9.6 |
| 10 | 1932 | ロサンゼルス | 126 | 1,206 | 1,332 | 9.5 |
| 11 | 1936 | ベルリン | 331 | 3,632 | 3,963 | 8.4 |
| 14 | 1948 | ロンドン | 390 | 3,714 | 4,104 | 9.5 |
| 15 | 1952 | ヘルシンキ | 519 | 4,436 | 4,955 | 10.5 |
| 16 | 1956 | メルボルン | 376 | 2,938 | 3,314 | 11.3 |
| 17 | 1960 | ローマ | 611 | 4,727 | 5,338 | 11.4 |
| 18 | 1964 | 東京 | 678 | 4,473 | 5,151 | 13.2 |
| 19 | 1968 | メキシコ | 781 | 4,735 | 5,516 | 14.2 |
| 20 | 1972 | ミュンヘン | 1,059 | 6,075 | 7,134 | 14.8 |
| 21 | 1976 | モントリオール | 1,260 | 4,824 | 6,084 | 20.7 |
| 22 | 1980 | モスクワ | 1,115 | 4,064 | 5,179 | 21.5 |
| 23 | 1984 | ロサンゼルス | 1,566 | 5,263 | 6,829 | 22.9 |
| 24 | 1988 | ソウル | 2,194 | 6,197 | 8,391 | 26.1 |
| 25 | 1992 | バルセロナ | 2,704 | 6,652 | 9,356 | 28.9 |
| 26 | 1996 | アトランタ | 3,512 | 6,806 | 10,318 | 34.0 |
| 27 | 2000 | シドニー | 4,069 | 6,582 | 10,651 | 38.2 |
| 28 | 2004 | アテネ | 4,329 | 6,296 | 10,625 | 40.7 |
| 29 | 2008 | 北京 | 4,637 | 6,305 | 10,942 | 42.4 |
| 30 | 2012 | ロンドン | 4,675 | 5,893 | 10,568 | 44.2 |

表6-4 近代オリンピック大会（夏季）における日本の参加選手数
（関, 2016）

| 回 | 年 | 開催地 | 女性実数（人） | 男性実数（人） | 総数（人） | 女性比率（％） |
|---|---|---|---|---|---|---|
| 1 | 1896 | アテネ | 0 | 0 | 0 | 0.0 |
| 2 | 1900 | パリ | 0 | 0 | 0 | 0.0 |
| 3 | 1904 | セントルイス | 0 | 0 | 0 | 0.0 |
| 4 | 1908 | ロンドン | 0 | 0 | 0 | 0.0 |
| 5 | 1912 | ストックホルム | 0 | 2 | 2 | 0.0 |
| 7 | 1920 | アントワープ | 0 | 15 | 15 | 0.0 |
| 8 | 1924 | パリ | 0 | 19 | 19 | 0.0 |
| 9 | 1928 | アムステルダム | 1 | 42 | 43 | 2.3 |
| 10 | 1932 | ロサンゼルス | 16 | 115 | 131 | 12.2 |
| 11 | 1936 | ベルリン | 17 | 162 | 179 | 9.5 |
| 14 | 1948 | ロンドン | 0 | 0 | 0 | 0.0 |
| 15 | 1952 | ヘルシンキ | 11 | 61 | 72 | 15.3 |
| 16 | 1956 | メルボルン | 16 | 103 | 119 | 13.4 |
| 17 | 1960 | ローマ | 20 | 147 | 167 | 12.0 |
| 18 | 1964 | 東京 | 61 | 294 | 355 | 17.2 |
| 19 | 1968 | メキシコ | 30 | 153 | 183 | 16.4 |
| 20 | 1972 | ミュンヘン | 38 | 144 | 182 | 20.9 |
| 21 | 1976 | モントリオール | 61 | 152 | 213 | 28.6 |
| 22 | 1980 | モスクワ | 0 | 0 | 0 | 0.0 |
| 23 | 1984 | ロサンゼルス | 53 | 178 | 231 | 22.9 |
| 24 | 1988 | ソウル | 71 | 188 | 259 | 27.4 |
| 25 | 1992 | バルセロナ | 82 | 181 | 263 | 31.2 |
| 26 | 1996 | アトランタ | 150 | 160 | 310 | 48.4 |
| 27 | 2000 | シドニー | 110 | 158 | 268 | 41.0 |
| 28 | 2004 | アテネ | 171 | 141 | 312 | 54.8 |
| 29 | 2008 | 北京 | 169 | 170 | 339 | 49.9 |
| 30 | 2012 | ロンドン | 156 | 137 | 293 | 53.2 |

競技 800 メートルにおいて銀メダルを獲得しているが，この大会の女性参加総数は 277 人であり，全体（2883 人）に対する比率は 9.6% であった。日本人女性の参加数が増え始めたのは，自国開催である 1964 年東京大会（男性 294 人・女性 61 人）を除けば，1976 年モントリオール大会（カナダ：日本からの参加選手，男性 152 人・女性 61 人）からと言える（表 6-4）。先に，ジェンダー概念の登場が 1960 年代から 70 年代にかけてであり，ほぼ同時期に第 2 波のフェミニズム運動が起きたことを指摘した。その動きは国際的なもので，1975 年が国際婦人年に定められ，国際婦人年世界大会（メキシコシティ）が開催されて女性の地位向上を目指す「世界行動計画」が採択された。さらに，1979 年には国連第 34 回総会において「女子差別撤廃条約」が採択されている。この間，国内では 1977 年に「国内行動計画」が策定されるなどして女性の地位向上に向けた動きが隆盛化し，現在の男女共同参加型社会の形成を目指す流れへとつながっている。モントリオール大会以降，女性選手の参加数が徐々に増えたことの背景には，このような社会的な動きの影響もあったと考えられる。

　その後，国内では，モントリオール大会の 20 年後にあたる 1996 年アトランタ大会（アメリカ）において，男性の参加数 160 人に対して女性が 150 人となり（女性比率 48.4％），男女のオリンピック出場者数はほぼ同数となった。そして 2004 年アテネ大会，2012 年ロンドン大会では，女性選手の参加数の方が男性を上回るまでになった。なお，直近の夏季大会である 2016 年リオデジャネイロ大会（ブラジル）には，男性 174 人，女性 164 人（比率 48.5％）が参加している。

　また，メダルの獲得数をみると，2008 年北京大会（中国）から 2016 年リオデジャネイロ大会（ブラジル）では，金メダルから銅メダルまでの全体に関して，3 大会いずれも男性の方が多いという結果ではあるが，金メダルの数だけをみれば 3 大会を通じて女性の獲得数の方が多い（表 6-5）。また，2018 年冬に開催された平昌大会（韓国）では，メダル総数と金メダル，銅メダルの獲得数において，女性が男性を上回っている（メダル獲得総数：男子 5・女子 8，金メダル：男子 1・女子 3，銀メダル：男子 3・女子 2，銅メダル：男子 1・女子 3）。国内女性選手のオリンピックをはじめとする国際大会での活躍は今後も期待されると考えられ，あわせてそれを可能にするためのスポーツ環境の整備が一層

表6-5 過去のオリンピック10大会（夏季）における上位8位までの入賞者数

| 大会名 | 参加者数 | 優勝 | 2位 | 3位 | 4位 | 5位 | 6位 | 7位 | 8位 | 全 | 入賞率 |
|---|---|---|---|---|---|---|---|---|---|---|---|
| 1976 モントリオール大会 | 男 152 | 8 | 6 | 10 | 6 | 4 | 7 | 0 | 0 | 41 | 27.0 |
|  | 女 61 | 1 | 0 | 0 | 0 | 2 | 0 | 0 | 0 | 3 | 4.9 |
| 1984 ロサンゼルス大会 | 男 178 | 10 | 7 | 11 | 6 | 9 | 5 | 5 | 6 | 59 | 33.1 |
|  | 女 53 | 0 | 0 | 3 | 2 | 0 | 3 | 2 | 2 | 12 | 22.6 |
| 1988 ソウル大会 | 男 188 | 4 | 2 | 5 | 3 | 4 | 6 | 3 | 5 | 32 | 17.0 |
|  | 女 71 | 0 | 1 | 2 | 2 | 0 | 1 | 0 | 0 | 6 | 8.5 |
| 1992 バルセロナ大会 | 男 181 | 2 | 4 | 7 | 3 | 6 | 4 | 5 | 9 | 40 | 22.1 |
|  | 女 82 | 1 | 4 | 4 | 2 | 4 | 1 | 3 | 4 | 23 | 28.0 |
| 1996 アトランタ大会 | 男 160 | 2 | 3 | 2 | 2 | 7 | 2 | 2 | 3 | 23 | 14.4 |
|  | 女 150 | 1 | 3 | 3 | 5 | 7 | 3 | 4 | 1 | 27 | 18.0 |
| 2000 シドニー大会 | 男 158 | 3 | 2 | 0 | 3 | 3 | 4 | 3 | 4 | 22 | 13.9 |
|  | 女 110 | 2 | 6 | 5 | 2 | 7 | 4 | 6 | 6 | 38 | 34.5 |
| 2004 アテネ大会 | 男 141 | 7 | 5 | 8 | 3 | 5 | 5 | 3 | 5 | 41 | 29.1 |
|  | 女 171 | 9 | 4 | 4 | 3 | 7 | 1 | 4 | 4 | 36 | 21.1 |
| 2008 北京大会 | 男 170 | 4 | 5 | 4 | 3 | 8 | 4 | 5 | 4 | 37 | 21.8 |
|  | 女 169 | 5 | 2 | 5 | 5 | 7 | 6 | 4 | 5 | 39 | 23.1 |
| 2012 ロンドン大会 | 男 137 | 3 | 8 | 10 | 5 | 9 | 6 | 2 | 4 | 47 | 34.3 |
|  | 女 156 | 4 | 6 | 7 | 1 | 5 | 1 | 7 | 4 | 35 | 22.4 |
| 2016 リオ大会 | 男 164 | 5 | 7 | 11 | 5 | 8 | 4 | 6 | 4 | 50 | 30.5 |
|  | 女 174 | 7 | 1 | 10 | 3 | 7 | 1 | 1 | 9 | 39 | 22.4 |

進むことが予想される。

では，トップアスリートではなく，国内の一般の男性と女性の運動やスポーツの実施状況の実態はどうであろうか。政府が実施・公開している調査結果（内閣府大臣官房政府広報室，2006；スポーツ庁，2016）をみると，過去1年間の運動やスポーツの実施状況は，男性と女性とで大きな違いがみられた。すなわち，2006年とその10年後の2016年のスポーツ実施状況について，各年の男女分布を比較すると（表6-6），特に非実施者の割合が女性において明らかに多いことが示された。女性の積極的な社会参画を目指すことの1つの課題として，余暇活動などでの運動やスポーツへの取り組みに何らかのジェンダーに関わる問題（例えば，「家事・育児は女性の役目」などの性別役割）が関係しているのであれば，それを明らかにすることと同時に，その解決方法を検討する必要があ

表6-6 運動・スポーツの実施状況：男女の比較

|   | 2006年 | | | 2016年 | | |
|---|---|---|---|---|---|---|
|   | n | 実　施 | 非実施 | n | 実　施 | 非実施 |
| 男 | 868 | 684 | 184 | 9932 | 7012 | 2920 |
| 女 | 980 | 693 | 287 | 10068 | 6494 | 3574 |

注）2006年の調査は内閣府大臣官房政府広報室が実施した「体力・スポーツに関する世論調査」，2016年の調査はスポーツ庁が実施した「スポーツの実施状況等に関する世論調査」のそれぞれの集計結果から著者が作成した。実施，非実施の度数はいずれも集計結果として示されたパーセントから算出した。

る。また，女性トップアスリートの活躍の姿が，女性の運動実践や，さらには社会への参画の動機づけとなるモデルになるような取り上げ方なども考えられる必要がある。

(2) スポーツ参加と性役割

　ジェンダーを視点とする研究テーマの1つに，スポーツに取り組むことが選手の男性性（男らしさ）や女性性（女らしさ）とどのように関係するのかということがあげられる。このような研究において広く用いられてきた尺度が，「Bem Sex Role Inventory」（Bem, 1974；略称BSRI，表6-7）である。

　ベム（Bem, 1974）は，性役割としての男性性（リーダーとして行動する・野心的である，など）と女性性（愛情にあふれている・人の気持ちに敏感である，など）は，生物学的な性とは関係なく個人の中に別々に存在すると考えた。すなわち，男性性と女性性は1次元の連続体の左右の極に位置づくのではなく（図6-1），2次元においてそれぞれの特性の高低を組み合わせた4つのタイプからとらえられると指摘した（図6-1）。そして，それぞれのタイプを，女性性が高く男性性が低い「女性型」，女性性が低く男性性が高い「男性型」，どちらも高い「両性具有型（androgyny：アンドロジニー）」，どちらも低い「未分化型」と名付けた。さらにベム（Bem, 1974）は，特に，心理的に両性具有の人間が将来的には精神的健康の標準的なタイプとして認められるようになると指摘した。以下では，BSRIを用い，スポーツに取り組む人々を対象に行われた研究のいくつかを紹介し，スポーツへの取り組みと性役割（ジェンダー・ロール）の関係が

表6-7 BSRI 日本語版の項目

| 男性性 | 中性性 | 女性性 |
| --- | --- | --- |
| 統率力のある | 融通がきく | 愛情深い |
| 積極的な | うぬぼれのある | 明るい |
| 野心にあふれた | 良心的な | 素直な |
| 分析的な | 平凡な | 思いやりのある |
| 自己主張のできる | 親しみのある | 言葉遣いが丁寧な |
| 筋骨がたくましい | 幸せそうな | 人に尽くす |
| 競争心がある | 人の役に立つ | 女らしい |
| 信念を曲げない | 役立たずの | おだてにのりやすい |
| 支配的な | 嫉妬深い | 優しい |
| 力強い | 人に好かれる | だまされやすい |
| 指導力のある | 気分の変わりやすい | 子ども好きな |
| 独立心のある | 信頼できる | 上品な |
| 利己主義的な | 秘密主義的な | 人の気持ちに敏感な |
| 決断力のある | 誠実な | はずかしがりな |
| 男らしい | まじめな | 話し方がおだやかな |
| 自立できている | 気配りのできる | 同情心のある |
| 自信がある | おおげさな | やさしい |
| 精神的に強い | 誠実な | 理解のある |
| 明確な態度を取れる | 予想がつかない | あたたかい |
| 冒険心のある | 計画性がない | 従順な |

注）安達ほか（1985）および青野（1999）が翻訳した内容を，著者が改めてベム（Bem, 1974）の示した項目と照合し訳出した。回答法：各項目に示された内容が，「自分のこととしてどの程度あてはまるか」を7件法によって回答させる。回答肢：7―いつもそうである。6―ほとんどそうである。5―まあまあそうである。4―どちらともいえない。3―あまりそうでない。2―ほとんどそうでない。1―まったくそうでない。
分析法：選択された回答の数値を得点として，下位尺度ごとに合計点を算出する。なお，ベム（Bem, 1974）は，BSRIの項目収集の段階では，項目に示された内容がアメリカ社会においてどの程度望ましいかという視点から回答を求めている。したがって，BSRIは，「望ましさ」という視点から回答を求めた場合には，男性性，女性性，および人としての社会一般的な性質に対する個人の価値観を把握する尺度として用いられることになる。すなわち，BSRIの使用においては，その尺度項目がアメリカ社会を反映した内容になっていることに留意する必要がある。

どのようにとらえられているのかを概観する。

**女性スポーツ競技者を対象とする研究**

アメリカの大学女子体操競技選手と陸上競技選手の性役割タイプを比較した研究（Edwards et al., 1984）では，男性型の性役割タイプを示す者が体操選手には多かった。その理由として，体操競技では表現の重要な要素の1つに「力強さ」があり，このことが通常から意識されることによる影響ではないかと考

図6-1 男性性・女性性のモデル（青野ほか（1999）を元に作成）

えられた。

　バスケットボール，ソフトボール，水泳，およびテニスに取り組む女子大学生選手を対象とする性役割タイプの検討（Burke, 1986）では，両性具有型の選手の数に種目間の偏りはなかった。一方で，バスケットボールとソフトボールに取り組む選手は，水泳やテニスに取り組む選手よりも，男性性の得点が高かった。両性具有型の人数に偏りがないのは，どのスポーツにも「強さ」や「たくましさ」などの男性性に関わる特性が求められることと，女性も上達や成功に対しては強い意志を持っていることから，男性性と女性性を同時に強く認識している者がどの種目にも一定程度は存在するためと考えられた。一方，男性性の得点が種目間で異なったことからは，バスケットボールやソフトボールが，男性性を強く認識させる機能的特性を持っているからではないかということが指摘された。

　ポーランドの女性サッカー・プレミアリーグとその2部リーグに所属する選

手（N = 94）を対象に行われた性自認（gender identity）の検討（Wilinski, 2012）では，4つの性役割タイプを一般の女子学生（N = 327）と比較した結果，サッカー選手は両性具有型が相対的に多く，女性型と未分化型が少なかった。一方，男性型の割合には大きな違いがみられなかった。また，プレミアリーグ（n = 49）と2部リーグ（n = 45）の選手間比較では，タイプごとの人数分布に大きな偏りはなかった。両者を合わせた場合の人数分布の割合は，男性型11％，女性型16％，両性具有型68％，未分化型5％であった。次に，プレミアリーグと2部リーグの選手間で男性性と女性性の得点を比較した結果，両者間に大きな差はみられなかった。しかし，両者を合わせて男性性得点と女性性得点を算出すると，女性性得点の方が顕著に高いことが示された。さらに，その男性性得点と女性性得点を一般の女子学生と比較した結果，男性性得点は選手の方が高い一方で，女性性得点には大きな違いはみられなかった。以上のことから，女性サッカー選手には両性具有型が多く，そのことは競技レベルとは関係がないと考えられた。また，女性性に対する自覚は一般女性と変わらない一方で，男性性についても強く自覚されているのが特徴的と言える。これらのことから，男性性が強く求められるスポーツ活動条件でも自らの女性性を保ちつつ，機能的にはその条件に適応しやすい，両性具有型が多くなるのではないかと考えられた。

　また，危険性の高いリスク・テイキング・スポーツ（risk-taking sports：パラシュート降下，極端な斜面を滑降するスキーやスノーボードなど）に取り組むフランスの女性を対象に行われた研究（Cazenave et al., 2007）では，プロとしてそれらのスポーツに取り組む女性は，男性性の自覚が高い水準にあるものの，女性性の自覚については，水泳や卓球，ゴルフなどの一般的なスポーツに取り組む女性と，レジャーとしてリスク・テイキング・スポーツに取り組む女性と同水準であることが認められた。また，女性性に関わる「他者への気遣い」については，プロの女性が他の女性たちよりも顕著に高いことが示された。さらに，それぞれの性役割タイプをみると，一般の女性は女性型，レジャーとして取り組む女性は男性型，プロとして取り組む女性は両性具有型であった。

　危険を伴うスポーツにレジャーとして取り組むことの根底には「現実逃避」があり，自分を忘れたいという欲求などが関係している（Taylor and Hamilton,

1997)とされる。一方，プロの女性は報酬（成果）を目的としており，困難な状況を克服することに挑む行動は危険であっても建設的であり，心の充実感と自己価値の維持につながっている（Taylor and Hamilton, 1997）と考えられる。このような点から，プロの女性において男性性と女性性の双方が高いことは，危険への挑戦に必要となる冒険的態度や自信と，周囲からの適正なサポートを得るための社会的能力の高さなどが関係していると考えられ，プロ女性の性役割タイプとして示された両性具有型は，危険で重篤な結果を及ぼすかもしれない活動に対して備えるための性自認モデルではないかと指摘された。

一方，国内では，阿江ほか（2001）が女子体育大学生の性役割タイプを検討している。一般成人女性と比較した結果，調査対象者全体の男性性得点は一般成人女性よりも高い値であったのに対し女性性の得点は同水準であった。また表現系の種目（新体操，ダンス，体操競技，フィギュアスケートなど）に取り組む学生は，女性性の得点が一般成人女性よりも高く，男性性得点が低いという結果を示した。阿江ほか（2001）の分析結果からは，体育・スポーツを専門に学ぶ女子学生は自らの女性性を，一般女性と同様に形成し自覚しつつ，たくましさや力強さなどの男性性との関わりが深い性役割についても強く自認するジェンダーを形成していることがうかがわれる。また，日常において取り組むスポーツ種目が，しなやかさや繊細さ，あるいは優雅さなどの表現を求める内容である場合には，女性性がより強く自認されるように自らの性役割を形成することが示唆される。

以上，スポーツへの参加と性役割との関係について，特に，競争に勝つことや高度な達成などを目的としてスポーツに取り組む女性を中心に，BSRIを用いて検討された研究結果の一部を紹介した。ほぼ共通して言えることは，そのような女性は，女性性を十分自覚しながら同時に男性性に通じる心理行動的特性も強く認識しているということである。ベムによる性役割タイプで言えば両性具有型，あるいはそれに近いタイプということになる。また，このような女性性と男性性の双方を強く自覚することの機能的意味を考えた場合，各種スポーツに独自の形で内在する男性性に通じる特徴に関与する中で，男性性の性役割が無意図的に形成されてしまうというような消極的な考えではなく，競技者は，自らの性のありよう（ジェンダー）を，取り組むスポーツ活動に対して効

果的なものにするために適応的に形成していると積極的に解釈することの妥当性が，特にCazenave et al.（2007）やWilinski（2012）の報告からは示唆される。阿江ほか（2001）の報告にみられた表現系のスポーツに取り組む女子大学生の特徴についても，表現系のスポーツだから女性性の得点が高くなり男性性の得点が低くなったと解釈するのではなく，そうなることの機能的意義をむしろ積極的に認識して，学生は自らのジェンダーを形成していると考える方が，スポーツ選手のジェンダーの形成に対する適正な理解につながるように思われる。

なお，国内ではこれまでに，BSRIとは異なる尺度（M-H-F scale（伊藤，1978）；ジェンダー・パーソナリティ・スケール（小出，1998））を用いた，スポーツに取り組む人々の性役割を検討した研究も複数報告されている。それらの中には，スポーツ競技に取り組む女子大学生を対象に調査を実施し，競技者として男性性を求められることと，女性として女性性を求められることとの間に葛藤が存在するということが指摘されている（杉原，1984；平井・杉原，1992；阿江，2004）。このような葛藤は，性役割葛藤と呼ばれており，例えば，競技志向の強い選手はそうでない選手と比較して，女性であることと競技者であることとの間の性役割葛藤が大きい（平井・杉原，1992）ことや，スポーツへの参加によって女性性が減じることはないが，筋肉質の身体に対する悩みがある（阿江，2004）ことなどが報告されている。しかし，この点については，近年のオリンピックをはじめとする様々な競技場面への女性選手の進出と活躍，さらにLGBTに対する理解を深めようとする社会的な動きなどを考え合わせ，「男性らしさ」や「女性らしさ」に対する価値観の変化などを考慮に入れた再検討が必要ではないかと考えられる。

**一般女性のスポーツ活動への参加と性役割**

本節では，スポーツ競技者ではなく，日常の身体活動としてスポーツに取り組むことと性役割との間に何らかの関係があるのかを検討した研究を概観する。

国内の女性のスポーツ活動への参加率は徐々に増加してきてはいるが，政府の掲げる目標は十分に達成されていない（厚生労働省，2006；内閣府大臣官房政府広報室，2006；スポーツ庁，2016）。このような問題は，運動行動変容に関わる検討課題として，スポーツ心理学の領域でも取り上げられており，健康を目

標とする運動やスポーツへの取り組みの阻害要因としては，仕事がいそがしく時間の確保ができないということや，取り組みたいと思っているスポーツの施設が身近にないことなどがあげられている。一方，ジェンダーの視点から見た場合は，「男は仕事，女は家庭」などという性役割に関する社会的通念（ジェンダー・ステレオタイプ）が，潜在的な圧力要因となっていることが考えられる。例えば，西村・山口（2003）による国内の中年期女性15人（年齢は35歳から59歳）に対する事例的研究において，運動やスポーツを実施することから遠ざかった主な理由として，「妻」「嫁」「母」という立場上の問題や，「育児」「家事」「配偶者や家族との関係」など，家庭に関わる性役割を優先させたことが指摘された。今後，日常的な身体活動の重要度がさらに増していくと考えられることからすれば，スポーツ活動や余暇活動の実施の有無と性役割に対する認識との関係を探ることは，重要な検討課題と言える。

　なお，海外の研究（Gentry and Doering, 1978; Hirchman, 1984; Henderson and Stalnaker, 1988）では，両性具有型と性自認する女性は余暇活動に積極的に取り組む傾向がみられ，女性の性役割に対する認識の違いが余暇活動の実施の有無に関係するとされている。心理的に両性具有型の人間は精神的健康の標準的なタイプ（Bem, 1974）になり得るのか，現在のジェンダーを取り巻く時代背景に基づく考察は，興味深い検討課題になるように思われる。

## 3．スポーツにおけるジェンダーに関わる検討課題

### (1) 女性選手に対するハラスメント

　セクシュアル・ハラスメント（Sexual Harassment）は，もともとは「職場」の問題として注目されたが，現在は「組織」の問題として広い視野からとらえられている。セクシュアル・ハラスメントとは，本来は組織機能を高めるために用いられる構成員間の権力関係が不適切に利用されて生じるものであり，一般的に，組織内の立場の強い者が弱い者に対して，性的に不快な状況を強いること（加藤，2017, pp.153-154）とされている。「性的ないやがらせ」「相手方の望まない性的言動」（佐藤，1991；白井，2009；八木，2007）などとも言われている。スポーツに関しては，チームや部活動集団，競技団体などの組織が，

表6-8 セクシュアル・ハラスメントの区分（田中，2006）

| | 区　分 | |
|---|---|---|
| 古典的 | 対価型 | 環境型 |
| Fitzgerald（1990）<br>Fitzgerald et al.（1988） | ①ジェンダー・ハラスメント：露骨な性的見解や行動　性あるいは性行為を示唆する話や冗談<br>②誘惑行動：個人的で不愉快な性的関心　望まないのに繰り返されるデートや飲食への誘い<br>③性的収賄行動：報酬を約束に行われる望まない性行為の強要<br>④性的強制：性的関係に非協力的であることに対する脅しや否定的な結果の強要<br>⑤性的強要あるいは脅威：力ずくによる身体への接触（抱きつかれるなど） | |
| Fitzgerald et al.（1995） | ①ジェンダー・ハラスメント<br>②望まない性的注意<br>③性的強制 | |
| Gruber（1992） | ①言語的要求（下位区分：性的収賄行為・性的な口説き・性的関係の口説き・微妙な圧力/口説き）<br>②言語的コメント（下位区分：個人的見解・主観の客観化・性的な断定的見解）<br>③非言語的表示（下位区分：性的攻撃・性的接触・性的ポーズ・性的素材） | |

その生じる現場となる。

　性的に不快な状況は，その内容からいくつかの視点により整理されている。例えば，対価型と環境型の２つに区分する場合（田中，2006），対価型は地位利用型とも呼ばれ，職場においては昇進や昇給，仕事内容への配慮などを条件に性的な関係を強要することである。また，環境型は経済的不利益が明確ではないものの，それが繰り返されることで就業環境の悪化につながる性的言動を指している。具体的には，身体的ハラスメント（例：不必要に体に触れたり凝視したりする），言語的ハラスメント（例：ひわいな言葉や噂を言い広める），視覚的ハラスメント（例：職場にヌード写真などを掲示する）の３種類である。また，この他にも，フィッツジェラルド（Fitzgerald, 1990; Fitzgerald et al., 1988）などが指摘する５分類や３分類，また，グルーバー（Gruber, 1992）による２段階区分などがある（表6-8）。なお，表6-9は，高峰（2011）の示したスポーツ場面におけるセクシュアル・ハラスメントの例を，環境型の３区分を参考に，行

表 6-9 スポーツ場面におけるセクシュアル・ハラスメント例（高峰（2011）を元に作成）

| 区　分 | 行為例 |
| --- | --- |
| 身体的ハラスメント | 練習中，必要がないのに，からだにさわってくる<br>必要としていないマッサージをしてきてからだにさわる<br>あいさつや励ましを理由に不必要にからだにさわる<br>選手と性的な関係を持つ |
| 言語的ハラスメント | 性的な関係をしつこく迫る<br>競技とは関係がなく不必要に体型のことを話題にする<br>性的ないやらしい言葉や冗談を口にする<br>性的な経験や性生活について質問する<br>性的なうわさを流す<br>「女（男）のくせに…」「女（男）だから…」などと言う<br>「おねえちゃん」「おにいちゃん」など人格を認めない呼び方をする<br>練習や競技とは関係なく，月経について質問する（女性選手の場合） |
| 行動的ハラスメント | 2人きりの食事や飲み会に誘う<br>性的な内容の電話や手紙，メールを送りつける<br>チーム内の飲み会などでお酌やカラオケのデュエットを強要してくる<br>遠征や合宿先で1人だけ自室に呼ぶ<br>遠征や合宿で部員と同じ部屋に泊まる<br>他の部員のいない部屋に1人だけ呼び出す |
| 視覚的ハラスメント | 性的ないやらしい写真や雑誌などを見せたり読んだりする<br>からだをじろじろと眺める |

動的な内容を加えて示したものである。

スポーツに関わるセクシュアル・ハラスメントの研究は，海外では1980年代半ばから，国内では2000年前後から行われている。海外の研究報告によれば，アメリカの大学生女子選手210名を対象とする調査（Volkwein et al., 1997）では約21％が，またイギリスの女性選手377名に対する調査（Yorganci, 1993, 1994）では40％の選手が，胸を凝視されるなどのハラスメントを経験したと報告している。さらにノルウェーでは51％（Fasting et al., 2000），チェコでは79％（Hervik and Fasting, 2004），ベルギーでは50％（Auweele et al., 2008）を超える女性エリート選手や大学生選手がコーチなどから性的関係を求められるなどのセクシュアル・ハラスメントを経験していた。また，ケニアの女性大学生選手を対象とした調査（339名）では，64.4％の選手がセクシュアル・ハラ

スメントの経験者であり，主要な加害者は試合会場の観客であった（Rintaugu et al., 2014）。

　一方，国内では，国体レベルの選手に対する調査が実施され，女子選手 138 名のデータに基づく分析結果が報告されている（熊安, 2014）。それによれば，ほぼ 50% の選手がその行為をセクシュアル・ハラスメントと認識し，その過半数以上の選手がその内容は不適切で受け入れられないと回答した指導者の行為として，「容姿に関する発言」（経験率 52.2%）と「ひわいな発言」（同 46.4%）があげられた。同様に，15% を超える選手が経験し，そのほとんどの選手にとって不適切で受容できなかった行為が，「性的な質問」（経験率 16.7%）と「じろじろみる」（同 16.7%）であった。さらに，経験率は 10% 未満であるが，ほぼ全員が不適切で受け入れられないと回答した行為が，「更衣室に入る」(8.7%)，「同じ部屋に泊まる」(5.1%) であった。

　以上の報告において着目すべき点は，第 1 に，国別にみれば経験者数に違いがあるものの，50% 前後あるいはそれを超える女性競技者がセクシュアル・ハラスメントを経験しているとみられることである。この割合が，あくまでもデータを収集した集団に基づくものであることを考えると，実数はさらに多いのではないかと懸念される。第 2 は，セクシュアル・ハラスメントを経験していても，それを不適切とみなすかどうか，さらにそれを受け入れるか受け入れないかによって，経験の認識に違いが生じる（熊安, 2014）ことである。すなわち，それが客観的にみて，先に確認したセクシュアル・ハラスメントの区分例にみられるような明らかなセクシュアル・ハラスメント行為であったとしても，被経験の女性競技者が，指導者との関係性などを考慮して，適切さを欠くものではないと判断したり，受容できると認識したりした場合に，その行為はセクシュアル・ハラスメントとはみなされなくなってしまう。ファースティングほか（Fasting et al, 2007）は，スポーツへの取り組みにおいて指導者とのつながりが心理的に深くなれば，一般的にはセクシュアル・ハラスメントとみなされる行為にも許容的になると指摘している。したがって，セクシュアル・ハラスメントについて議論をする場合は，問題の本質が受ける側にあるという論点にすり変わらないように，行為そのものの問題点を議論する必要がある。特に，スポーツ場面に限らず，自分の所属集団内の人間関係や社会的地位に基づ

く上下関係に対して注意・関心が払われる傾向が強い国内では（マツモト・工藤，1996）一層問題が見えにくくなる可能性がある。問題がどこにあるのかを見誤らないようにしなければならない。

　ところで，環境型のセクシュアル・ハラスメントでは，環境の悪化によって円滑な職務遂行が阻害される。これをスポーツに置き換えれば，チーム内におけるセクシュアル・ハラスメントは，練習や競技活動の環境を悪化させ，チームとしての，あるいは選手ひとりひとりのパフォーマンスの発揮や向上を阻む要因となる。セクシュアル・ハラスメントを経験したノルウェーのエリート女性選手25名（個人種目16名，集団種目9名：平均年齢23歳）に対するインタビュー調査（Fasting et al., 2007）によれば，そのうちの4名はセクシュアル・ハラスメントを受けたことが原因となり他競技へと転向した。また，転向しなかった選手は，ハラスメントをおこなう指導者のいる環境での競技生活であったため，身体的・精神的な苦労が絶えなかったと報告している。特に，嫌悪感，恐怖，苛立ち，怒りなどが彼らに共通の心理的ストレス反応としてみられた。さらに，競技の転向ではなくスポーツ活動そのものからの離脱を余儀なくされた選手も存在した（Fasting et al., 2002）。

　このような事例は，セクシュアル・ハラスメントが，選手の意識や行動を競技活動から逸らすストレッサーとして機能していることを示している。すなわち，選手は競技に取り組むこととは関係のない対処行動（例：我慢する，加害者から距離を置く，仲間や他の信頼できる指導者に相談する，など）もせざるを得なくなる。このような状況は，単に嫌悪感や恐怖，苛立ち，怒り（Fasting et al., 2002），頭痛，極度の疲労，不眠（Rintaugu et al., 2014）などの心理的・身体的なストレス反応を生起させるだけでなく，練習や競技への参加意欲や動機づけを低下させることにもつながると考えられる。指導者は，セクシュアル・ハラスメントが，選手やチームに対して，いかに重大な不利益をもたらすかを認識しなければならない。また，選手自身もそのような行為に対しては，毅然と対応していく必要がある。さらに，チーム内では，選手と指導者との間で，どのような行為がセクシュアル・ハラスメントに該当するのか，客観的なガイドラインを作成し共通理解を図るなどして，セクシュアル・ハラスメントを事前に防止するための意識付けや組織的手続きの整備（例えば，第3者による相談

窓口を設置し，相談があった場合の事実確認の流れ等をあらかじめ決定しておく）をしておくことも重要である。

　なお，本節では，男性指導者（加害者）から女性選手（被害者）に対するセクシュアル・ハラスメントの研究知見をまとめてきたが，女性指導者から女性選手に対するセクシュアル・ハラスメントもみられる。スポーツと体育科教育を学ぶ女子大学生（チェコ：141名，ギリシャ：104名，ノルウェー：155名）を対象に行われた研究（Sand et al., 2011）によれば，男性指導者を加害者とする被経験者は全体の20％であったが，女性指導者からのセクシュアル・ハラスメントを報告した学生も6％存在した。スポーツに関連するジェンダー（性のありよう）への理解が深まることの一方で，その関係性をめぐる問題の1つとして，ハラスメントもまた様々なありようを示す可能性があることを認識しておかなければならない。

(2) セクシュアル・マイノリティの競技参加

　国内外を通じ，自らがレズビアンやゲイ，あるいはトランスジェンダーであることを明らかにするスポーツ選手が，近年，増えている。例えば，オリンピック・リオデジャネイロ大会の柔道女子57キログラム級・金メダリスト，ラファエラ・シルバ選手は2016年にレズビアンであることを公にした。また，2015年世界陸上・北京大会の男子棒高跳び優勝者・ショウナシー・バーバー選手は2017年にゲイであることを公表している。国内では，女子バレーボール・プレミアリーグ等で活躍した滝沢ななえ元選手が，2017年にレズビアンであることを自ら明かした。一般的な状況をみても，国内のLGBTの人口比率は2013年時点の5.2％から2015年には7.6％へと増加しており，その背景には，セクシュアル・マイノリティに対する理解や支持・支援の広がりがある（電通，2015）と考えられている。歴史的に見てsexに準拠して，枠組みやルールが構築されたと言える現代の競技スポーツでは，セクシュアル・マイノリティの選手はその性自認の表明を基本的には抑制しながら取り組まなければならない。少しずつではあっても，スポーツにおけるジェンダーの多様性に対する理解が深まることは，様々な個性を持つ人々が，スポーツを通じて発揮できる能力を活かす機会が平等に広がることを意味している。スポーツに関わるこの

ような課題を，人々の知恵をもって解決することが，いま求められている。

　しかし，現実には，課題解決に向けて越えなければならない問題が多数存在する。そのような中で，心理学的な検討課題の1つにあげられるのが，ホモセクシュアリティ（同性愛）の選手に対する否定的・差別的な感情や態度である。このような心理行動的傾向あるいは主義・主張はホモネガティヴィズム（homonegativism）と呼ばれ，レズビアンやゲイに対するものはホモフォビア（homophobia），バイセクシュアルに対するものはバイフォビア（biphobia），トランスジェンダーやその他のジェンダーに対するものはトランスフォビア（transphobia）と呼ばれている（井谷・來田，2016）。「phobia」は，単一語としては「強くて説明しがたい恐怖や嫌悪」を意味し，接尾語として名詞と連結した場合に「～恐怖（症）・～嫌い」（例えば，acrophobia は「高所恐怖症」，zoophobia は「動物嫌い」など）と呼ばれるようになる。したがって，上記の3つのフォビアは，それぞれのジェンダーを強く嫌う感情や態度の意味を持つ。特に，アメリカの大学スポーツでは，強力な同性愛に対する差別・偏見が底流にあるため，セクシュアルマイノリティの学生選手は，チームから外されたりいじめられたりすることの温床となるホモフォビアを強く恐れている（Andersen, 2002）。ジェンダーに基づく分け隔てにより，人間にとってのスポーツの意義や価値が低下することは避けなければならない。ホモネガティヴィズムへの対応は重要な検討課題と言える。

　国内では，飯田ほか（2016）が，体育・スポーツ関連学部の大学生を調査対象に，ホモネガティヴィズムに関する分析を行っている。それによれば，男子学生の方が女子学生よりもホモフォビアならびにトランスフォビアの傾向が明らかに強いことが示された。また，LGBTの知人がいる学生といない学生とを比較した場合，いない学生においてホモフォビアとトランスフォビアの傾向が強い結果となった。さらに，競技レベルが全国レベルの学生ほど，ホモフォビアとトランスフォビアの傾向にあることが示唆された。国内のスポーツ場面におけるホモネガティヴィズムに関する検討は，これまでほとんど行われていない。すべてのジェンダーのスポーツ参加が価値あるものになるために，そのような感情や態度が，なぜ，どのように形成されてしまうのか，その要因を明らかにすると共に対策が考えられなければならない。

# 第7章 スポーツとライフスキル

　スポーツ選手は，技能やチームプレイを高め，競技成績を向上させるために，苦しい練習にもくじけずに取り組み続ける。そしてその結果，競技のための知識や技能にとどまらず，1人の人間として自信を高めたり，周りの人々と協力しながら課題に取り組む方法を学んだりし，内面的にも成長や発展を遂げていくと考えられる。本章では，このようなスポーツ活動に伴う心理や行動などの変化について考える。

## 1. スポーツ活動と効果

### (1) 効果の分類
　われわれがスポーツ活動に取り組むときは，何らかの目的を持っている。それは一般的に，行う前よりも行った後の方が，結果として「良くなる」ことである。例えば，気晴らしに体を動かしてリフレッシュするため，体力を向上させるためなどである。すなわち，スポーツ活動の目的は，一義的には，それを行うことによって，主体の心とからだ，そして行動（動き）に関わる「効果を得る」ことと言える。効果とは，「ある働きかけによって現れる望ましい結果」（『大辞泉』：小学館）のことである。また，その望ましい結果は，主体と主体を取り巻く，人，物などを含む広義の環境との間に，それまでよりも，より良い関係をもたらす場合があり，このようなときは，効果がさらに逐次的に生じていくと考えられる。
　このような，スポーツに取り組むことで得られる効果には，スポーツ全般を

通じてほぼ共通に得られるものと，個々の種目で特徴的に得られるものの2つの側面があると考えられる。前者の例は，心肺機能や体力の向上，また，頑張って最後までやり遂げる態度の形成などである。一方，後者の例としては，種目特有のパフォーマンスやプレイに必要な運動スキル，さらに，それを成功させるための認知的なスキル（例：相手の動きをみて，次の状況の変化を予測し，適切な動き方を瞬時に選択し実行に移す）などの獲得があげられる。

　また，効果はその及ぶ側面により，運動技能に対する効果，身体的・生理的機能に対する効果，心理的な機能に対する効果などとしても分類できる。運動技能に対する効果とは，そのスポーツ種目を実施する上で必要な運動スキルが身につき，さらに熟達していくことである。身体的・生理的機能に対する効果としては，そのスポーツ種目に必要な技能を発揮するための筋・骨格系の形成や，呼吸・血液などの循環系の機能の向上などがあげられる。また心理的な機能への効果としては，技能の効率的な発揮を可能にする感覚・神経系の構築やその働きの向上，さらに集中力や判断力，課題遂行の意欲，感情や興奮をコントロールする力，協調性など，スポーツに必要な心理的能力の獲得，形成，向上などがあげられる。

　さらに，スポーツ活動による効果は，取り組む主体の身体的，生理的，心理的，社会・文化的な特徴や背景などの違いによって，現れ方が異なってくると考えられる。例えば，人の発達段階において，誕生から乳児期は第1発育急進期，小学校高学年から中学生までは第2発育急進期と呼ばれ，これら2つの発育急進期はいずれも人間の成長にとって最も大切な時期とされている（小林ほか，1990, p.8）。さらに，その間の中間的安定成長期は，第1発育急進期において急速に発達した身体機能を調整して機能的な向上を図る時期であり，さらに思春期発育（第2発育急進期）に向けた準備期として重要な意味を持つ（小林ほか，1990, p.8）とされている。したがって，この時期に子どもがどのような過ごし方をするかは，その後の成長発達に大きな影響を及ぼす（小林ほか，1990, p.10）ことになる。すなわち，この間に行われる運動やスポーツ活動の効果は，子どもの身体形成や生理的機能の獲得・向上そのものに反映されることになる。一方，中高齢者が行うスポーツ活動では，このような成長発達的な意味の効果を得ることは難しくなり，むしろ身体的・生理的な機能の保持を目

的とする効果を得ることが中心になると考えられる。

　以上のように，スポーツ活動の効果は，その内容や生じる領域，実施する人々の主体的条件などによって多角的にとらえられるといえる。

(2) スポーツ活動に期待される効果

　スポーツ活動の効果は，様々な視点からとらえられることを確認したが，一般的に，人々はスポーツに取り組むことでどのような効果が得られることを期待しているのであろうか。その内容は，取り組む主体の目的や条件によって異なり，例えば，ハイレベルの水泳競技に取り組む選手と，週に1回のペースでプールに通い健康のために泳ぐ人とでは，当然，求め期待する効果が異なる。本節では，スポーツ活動の効果が，主体の身体・生理・心理の各側面に多様に現れ，かつそのことが主体の以後の人間形成に強く影響すると考えられる学齢期の児童生徒に着目し，そのような子どもたちのスポーツ活動にはどのような効果が期待されているのかをみることにする。

　図7-1は，国内の3歳から17歳（高校2年生）の子どもを持つ母親15,438人を対象に行われた調査（ベネッセ教育総合研究所，2017）において，子どもの運動・スポーツへの取り組みに対して何を期待するかという質問に対する回答である。調査では各項目に示された内容について，「とても期待する」「まあ期待する」「あまり期待しない」「まったく期待しない」の4つの中から一つを選択するように指示された。図では「とても期待する」と「まあ期待する」を合わせて「期待する」，「あまり期待しない」と「まったく期待しない」を合わせて「期待しない」として，それぞれの回答率を示している。

　「1. 身体を動かすことを楽しむ」から「13. 活動でストレス解消や気分転換する」までは，「9. 集団をまとめる力・リーダーシップを身につける」（75.4％）を除いて，「期待する」の回答率がほぼ90％以上である。これに対し，「14. 選手としての技術が上達する」の「期待する」の回答率は61.2％，「15. 大会や記録会でよい成績をあげる」の「期待する」の回答率は48.5％であり，「16. トップレベルの選手を目指す」ではさらに低い26.5％である。また調査は，まったく同じ内容でほぼ同じサンプル数の母親に対して2009年と2013年にも実施されている。したがって，横断的にではあるが時系列にそって回答率

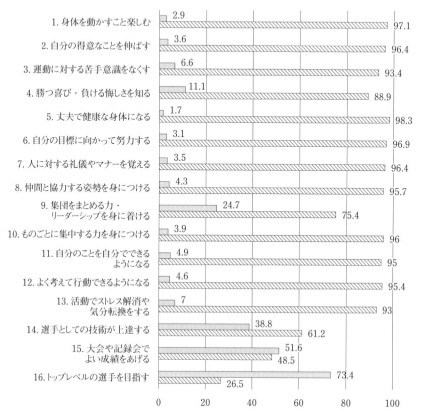

図7-1 子どものスポーツ活動に対する母親の期待(ベネッセ教育総合研究所(2017)を元に作成)

を比較できるようになっている。そこで年ごとにどのように変化しているのかをみてみると、全項目で期待度の値に大きな違いはみられない(ベネッセ教育総合研究所,2017)。このことは、国内の母親における子どもの運動・スポーツ活動に対する期待の内容が、一貫してとらえられていることを示している。すなわち、子どもが取り組む運動・スポーツ活動に期待される効果とは、包括的な運動能力や体力の向上(項目2,項目5)とあわせて、努力する態度(項目6)や仲間と協調して取り組む姿勢(項目8)、集中力(項目10)や自己コントロー

ルの能力(項目11),そして礼儀やマナー(項目7),熟慮に基づく行動力(項目12)などということになる。

　しかし,このような効果の中の規範的行動(礼儀,マナー)や対人関係に関わる望ましい行動・態度,また物事に取り組む際の意欲や自信,積極性の獲得や向上などの心理面に及ぶ効果は,従来から,特に青少年がスポーツに取り組む場合の効果として指摘されてきた事柄でもある(日本学術会議,2011；内海,2001)。このことからすれば,母親がスポーツ活動に取り組む我が子に抱く変化への期待は,国内において一般的に認識されているスポーツ活動の意義に則したものになっているということができる。

### (3) 効果の実像

　では,そのように,スポーツ活動がもたらす効果として期待される望ましい行動や態度ならびに心理面や認知面における肯定的な変化は,スポーツに取り組めば必ず起こることなのだろうか。フォルネリスほか(Forneris et al., 2012)は,学校やスポーツ組織が目標と掲げたスポーツ活動の効果(認知行動的スキルの獲得や社会的価値意識の肯定的変化)が期待通りに行動にみられるようになったと言えるかどうかについての認識について検討している。それによれば,選手自身(高校生),組織運営者,コーチ,および親との間で,その認識を比較した結果,ほとんどの効果について,選手自身は期待にそうことができているという認識を持つ傾向がみられた。しかし,特に組織運営者においては期待と実際の様子には違いがあるという認識を強く持つ傾向がみられ,さらに一部の効果に関しては,コーチや親からも期待と実際が矛盾しているという認識が示された。

　また,以下はスポーツジャーナリストである永井(2004)が指摘した,国内の少年サッカーに取り組む子どもの試合会場での様子である。

　　少年スポーツの現場では,グラウンドに入るときから出るときまで,少年たちは一日中,頭を下げて挨拶し続けています。(中略)親たちの多くがこのような状況を見て,自分の子供もスポーツをすれば礼儀正しくなると期待するのでしょう。しかし,この挨拶のオンパレードが何やら奇妙に思えるこ

とが少なくありません。試しに大会の会場で，自分のチーム以外の子供に「こんにちは」と声をかけてみます。自然に挨拶を返してくれる子供はそう多くはありません。こちらが二度，三度と繰り返し声をかけると，ようやく「あ，こんにちは」などと，どぎまぎした様子で挨拶を返してくれます（永井，2004，pp. 168-169）。

さらに永井（2004, p. 170）は，「集団の一部になっているときはある種の行動がとれても，別の場面では同じことができないということは，日本のスポーツではよくあるケースです」と指摘し，「スポーツチームに礼節の教育を期待することは筋違いです」（永井，2004，p. 171）とまで述べている。

スポーツ活動の効果，特に，行動や態度，そして価値観や認知的スキルなどの心理面の変化に関しては，期待と現実との間にギャップがあるということが，国内外を問わず言えるようである。

われわれがスポーツ活動に期待する効果とは，行う前よりも行った後の方が結果として「良くなる」ことである。しかしそれは，技能が向上したり，優れたパフォーマンスを発揮できるようになったりすることだけを意味するものではない。一般的には，主体の人間としての振る舞い方が良くなることをも含んでいると考えられる。したがって，そのためにはどうすれば良いのかを考えなければならないようである。

## 2. スポーツ活動とライフスキル

### (1) ライフスキルとは

世界保健機関・精神保健部局（World Health Organization (WHO)・Division of Mental Health）は，1993年に「life skills education for children and adolescents in schools」（子どもと青少年のための学校におけるライフスキル教育）を編集し，ライフスキルに関するプログラムを学校教育の中でどのように開発し推進していくべきか，その指針を示した（WHO, 1993）。その中で「ライフスキル」(life skills) については，次のように定義されている。

## 2. スポーツ活動とライフスキル

　ライフスキルとは，日常生活で生じるさまざまな要求や問題を効果的に処理するために，適応的かつ建設的に行動するための能力である。
　(Life skills are abilities for adaptive and positive behavior, that enable individuals deal effectively with the demands and challenges of everyday life.)

　また，指針においては，身体的，精神的，社会的に健康かつ健全な生活を送るために必要な能力が心理社会的能力（psychosocial competence）であり，それを高めるためにはライフスキルを身につける必要があると説明されている（WHO, 1993, p. 1）。このことから，ライフスキルとは，心理社会的能力を構成する具体的な行動のひとつひとつの総称であると解釈できる。また，指針では，ライフスキルと呼ぶことのできるスキルは数多く存在すると考えられ，それは文化や状況の違いによって性質や定義が異なるものであると指摘されている。しかし，WHOは，そのようなライフスキルの中でも，子どもや青少年の豊かな生活を導くための中核的なスキルとして，以下の10のスキルあるいは能力を取り上げた（WHO, 1993, pp. 12-15）。

意志決定（decision making）
　生活に関わるさまざま方向性の決定を建設的に行うことである。

問題解決（problem solving）
　意志決定と同様に，生活の中で生じる問題を未解決のままにせず，建設的に解決することである。心理的な，あるいは身体的なストレスから自らを守ることにつながる。

創造的思考（creative thinking）
　行動するかしないか，その選択がどのような結果につながるのか，直接経験しなくとも，また，問題そのものが目の前にない場合でも，創造的に考えることである。このことは，意志決定や問題解決を適正に行うことを助け，状況に対して適応的に，また柔軟に取り組むことを可能にする。

批判的思考（critical thinking）
　自らの態度や行動に影響を与える要因，例えば，価値観や仲間からのプレッシャー，あるいはメディアの情報が正しいかどうかなどを客観的に分析・評価・理解することである。

効果的コミュニケーション（effective communication）
　文化や状況にあったやり方で，言葉を用い，ときには言葉ではないしぐさ，表情，態度などを通じて，自分の意見や欲求，自分が必要としていることやそのときどきの感情など，自分自身を表現したり表明したりすることである。

対人関係スキル（interpersonal relationship skills）
　人々と好ましい関係をつくり維持するスキルであり，精神的な安定や社会的健康を得るうえで重要な友人関係を築いて維持したり，個人を支える重要な社会的資源の1つである家族との良いつながりを維持したりする上で必要となる。また，人間関係を建設的に解消する場合にも重要な意味を持つ。

自己意識（self-awareness）
　自己意識には，自分自身についての認識，自分の性格についての認識，自分の長所・短所についての認識，自分が欲していること・望んでいない（嫌いな）ことの認識などが含まれる。自己意識を発展させることで，ストレスにさらされている自分やプレッシャーを感じている自分自身を自覚できるようになる。効果的に他者とコミュニケーションしたり，人間関係をつくったり，また他者への共感的な意識や態度を発達させる上で不可欠である。

共感性（empathy）
　自分にはよく分からないような状況に置かれている他者の人生について想像できる能力である。共感性を持つことができれば，自分とはまったく異なる他者を理解し，受け入れることができるようになる。

情動への対処（coping with emotion）

　自分や他者の情動を理解し，情動が行動に対してどのように影響するのかに気づき，情動に適切に対応することである。怒りや悲しみのような強い情動は，適切に対応しないと，健康に対して好ましくない影響を及ぼす。

ストレスへの対処（coping with stress）

　生活の中でストレスの原因となることは何かを理解し，それはどのように人に影響を及ぼすのかを知り，自らのストレスレベルをコントロールするように行動することである。例えば，身の回りの物理的環境や生活スタイルを変えることによってストレスの原因となることを減らすように行動したり，避けがたいストレスによって高まった緊張が健康問題を引き起こさないように，リラックスするための方法を学んだりすることなどである。

(2) ライフスキルへの注目

　ライフスキル（life skills）という概念は，いつごろから注目されるようになったのであろうか。「life skills」をキーワードに，人文社会，心理，教育，医学，保健，スポーツ科学などに関連する国外の複数の研究データベース（EBSCOhost）を検索すると，関連する論文数は1970年代の後半に増え始め，1990年代以降，急激に増加しているのが分かる（図7-2）。一方，国内については，「ライフスキル」をキーワードに国立情報学研究所のデータベースであるCiNiiを検索すると，論文数は1995年以降に増え始める。すなわち，日常生活で生じるさまざまな事柄に対して適応的あるいは建設的に取り組むことへの必要性とそのことに関わる検討課題に対する学問的関心は，1970年代後半から1990年代にかけて高まったことがうかがわれる。この時期に提出されたライフスキル関連の論文の研究背景や研究目的をおおまかにまとめると，人々の生活上の問題あるいは課題が何かということと，それらへの効果的な対処の仕方は何かということを明らかにすることが，ほぼ共通のテーマになっている。また，研究の対象は，教育心理学や社会心理学，スポーツ心理学などの研究領域ごとに異なるが，成人，子ども，小学校高学年から高校生，大学生などが主である。

　第2章で取り上げた，ラザルスの認知的評価理論（Lazarus and Folkman,

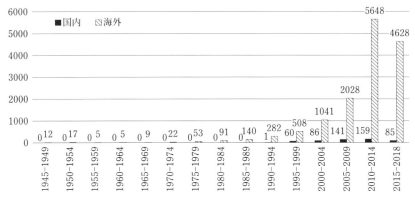

図7-2 「life skills」(海外)ならびに「ライフスキル」(国内)をキーワードとする学術論文の検索結果 (注：1945年から5年間ずつの件数。2018年は8月現在)

1984)などは，このころに登場した代表的な理論の1つである。WHOが示した中核的スキルの中に「ストレスへの対処」が含まれていることの背景には，心理学的ストレス研究によって明らかにされた，生活上のこまごまとした，しかし，何らかの対処が必要な出来事や事柄への適正な対処行動（コーピング：coping）が，人々の健康の維持と増進において，欠くことのできない生活上のスキルであるという認識があると考えられる。

(3) 社会的スキル

包括的にみればライフスキルの1つと考えられる社会的スキルは，研究としてはライフスキルとは別個に検討されることが多い。相川（2000, p.7）によれば，国内では1957年に刊行された「心理学事典」（平凡社）に「social skills」の訳語として「社会的技能」が登場する。このことからすれば，社会的スキルはライフスキルよりもかなり早い時点から，人の心理や行動に関わる検討課題として取り上げられてきたことになる。

相川（2000, pp.12-18）は，社会的スキルについて，対人場面において，個人が相手の反応を解読し，それに応じて対人目標と対人反応を決定し，感情を統制したうえで対人反応を実行するまでの循環的な過程であると説明している。また，社会的スキルの概念には，人々の人間関係あるいは人と人との相互作用

に関わる個人の「行動」とその背後に存在する「能力」が含まれていると説明している。すなわち，社会的スキルは，人々の生活活動の中でも，特に対人関係に関わる場面において発揮される能力であり，その能力に基づく一連の行動を同時に指しているということである。このような考え方は，生活全般の様々な問題や課題に対する対処の能力，あるいはそれに基づく対処行動を視野においている，ライフスキルに対しても同様にあてはめることができる。ただし，解決を目指す課題の広狭において，社会的スキルとライフスキルの間には概念的な違いがあることになる。

また，社会的スキルは，運動スキルと類似しており，練習を重ねることで上達し，最終的には意識せずに自動的にできるようになる（相川，2000，pp.9-12）。したがって，「スキル」という点で言えば，ライフスキルも社会的スキルと同様に，生活の中で出会う様々な問題に対して，当初はうまく対処できなくとも，実際の経験や学習プログラムなどでの練習を通じて上達させることができると言える。

社会的スキルの主要なものとしては，次のようなスキルがあげられる。

**主張性スキル**

自分の説を強く言い張ったり押しつけたりするのではなく，相手を傷つけないように自分の権利や要求を表明したり，自分の考え（賛成，反対，肯定，否定）や感情（喜び，楽しさ，怒り，不安），信念を素直に表現したりすると共に，相手からの不都合な要求を上手に断ったりするスキルである。聴き手のときは視線を相手の顔から外さず，話し手のときは適度に外して話の切れ目で相手をみるようにするなどの非言語的行動も含まれる（相川，2000，pp.46-78）。

**社会的問題解決スキル（対人葛藤解決スキル）**

相手との利害の対立や葛藤を「問題」としてとらえ，それを克服するためのスキルである。感情をコントロールし，自己を客観的に眺め，自分の考えを，相手の考えをふまえて柔軟に切り替えられるようにしたり，相手を非難したり，相手に一方的に譲歩を求めたりしないようにしながら，お互いが受け入れ可能な問題解決策を提案し，話し合うようにする（相川，2000，pp.79-109）。

図7-3　ライフスキルの位置づけに関するモデル（WHO, 1993：著者訳出）

**友情形成スキル**

　仲間との関係を円滑にし，それを維持するために必要とされる向社会的行動（prosocial behavior）――自分以外の人や集団にとって有益となる社会的で建設的な行動（ファンデンボス，2013）――からなるスキルである。コミュニケーション・スキルや会話スキルなど，他者との相互作用を可能にするスキルのほとんどは，このスキルの概念に含まれる。相手の話をさえぎらずに聴く，相互の関係を発展させるコメントや提案を行うなどの行動があげられる（相川，1996, pp. 178-182）。

**傾聴スキル**

　人間関係の形成においてもっとも初歩的であり，かつ最終的なスキルである。中核となるのは，相手の話に関心を持っていること，相手の話を理解していること，これらを相手に伝えることである。また，相手の話す内容を自己の都合によって選択的に受け取るのではなく，相手の話に対して受容的になることが重要である（相川，2000, pp. 22-45）。

（4）ライフスキルとスポーツ

　ライフスキルは，それまでに，学び，身につけている様々な知識や行動ならびに態度，さらに物事に関する価値観を，人が健康に生きる上でとるべき実質的で好ましい行動へと変容させる（WHO, 1993, p. 4）。すなわち，ライフスキルを身につけることの意義は，単にその時々の生活における問題状況をうまく切り抜けるやり方（スキル）をできるようにすることだけでなく，人が健康的に生きるとはどのようなことなのかということに対する洞察を経て，それが基盤となって「好ましい行動」が体現されるようになるという点にある（図7-3：

WHO, 1993)。

　このように考えると，スポーツ活動の効果として期待される対人関係に関わる望ましい行動や態度の形成，また物事に取り組む際の意欲，自信，積極性などの獲得や向上などの心理面における肯定的な変化は，ライフスキルそのものに，あるいはその素地になると考えられる。そして，それらが，主体の持つ様々な知識や価値観，態度と関連付けられ好ましい行動の形成へとつながり，さらにライフスキルへと発展し活用されるようになるのであれば，スポーツ活動はライフスキルの形成という媒介過程を経て，人々の生活の質（quality of life：QOL）の向上に貢献できることになる。すなわち，このことは，ライフスキルとの関わりからとらえられるスポーツ活動の意義ということになる。

　しかし，先に示したサッカーに取り組む少年にみられた行動の現実を踏まえると，スポーツ活動場面における規範的な行動や態度，さらには肯定的に働く心理的な能力が，他の生活場面にも適用され，それがいわばライフスキルとして活用されるように，本当になるのかどうかということについては，検討の余地があると言わざるを得ない。

(5) 般化

　ある特定の環境や条件の下で学習したことが，他の同じような環境や条件の下でも生じることを，心理学では「般化」(generalization) と呼んでいる。少年サッカーの子どもたちを例にすれば，次のような場合が，般化が生じた状況ということになる。

　例1）指導者，競技団体の人々，保護者などに対して行うように指導されたあいさつや礼儀作法が，サッカーを離れ，サッカーの仲間以外の同級生や教師と共に過ごす学校生活や，地域の人々と接する日常生活でも同じようにできる。

　例2）大会に向けた段階的な練習の目標と内容を決め，計画的に，かつ集中して取り組んだその手続きや態度を，学校の定期試験や受験勉強などでも同じように発揮することができる。

すなわち，スポーツ活動を通して身についた行動や態度，そして心理的な能力が，ライフスキルとして活用されるようになるためには，般化が起こらなければならない（杉山，2004，p.74）ということである。したがって，スポーツ活動を通じて身についた行動や態度あるいは心理的な能力は，厳密には，日常生活に用いられるライフスキルと同一とはみなせない（杉山ほか，2010）ことになる。

現在，スポーツとライフスキルの関係を検討する国内のスポーツ心理学領域の研究では，WHOの定義に基づく健康かつ健全な日常生活を送るための心理社会的能力を構成するスキルは，一般的に，ライフスキルに位置づけられている（杉山，2004，p.70）。一方，スポーツの効果として獲得され，一義的にはそのスポーツを適正に行う上で必要な行動や態度，あるいは心理的な能力については，心理的スキル（杉山，2006）や心理社会的スキル（杉山，2004，p.70；西田ほか，2014）と呼び，区別されている。

なお，近年では，経済学の視点からも，これらのスキルに対する新たな説明が加えられ，関心が高まっている。それは，非認知的スキル（社会情動的スキル）である。ヘックマン（Hechman, 2013, p.12）は，人生における成功は賢さ（smarts）以上の要素に依存し，その1つが非認知的能力（non-cognitive abilities）の影響であると指摘した。具体的には，意欲の強さ，長期的な計画を実行する能力，他者と共に働くことにおいて必要な社会的・情動的な制御能力であり，これらはIQ（知能指数）に関わる認知的スキル以外のスキルであることから，非認知的能力，非認知的スキル（non-cognitive skills），あるいは社会情動的スキル（socio-emotional skills）などと呼ばれた。その後，OECD（Organisation for Economic Co-operation and Development：経済協力開発機構）がそのレポート（経済協力開発機構，2018）においてこの概念を取り上げ，社会経済的不平等をなくしその成果を収めるのに必要な資質あるいは能力として，認知的スキルと共に非認知的スキル（社会情動的スキル）が重要であると指摘した。

非認知的スキル（社会情動的スキル）は，社会の成果もしくは社会経済的成果——学力の向上，労働状況の改善，リサイクルや公共交通機関の利用に関する理解など（Hechman, 2013；経済協力開発機構，2018, pp.50-51）——の創出という視点に立ち用いられる概念である。これに対し，ライフスキルは健康とそ

れに基づく生活の豊かさの創出という視点に立つ概念である。したがって，両者は，それぞれを適正に用いることで何が導かれるのかという視点——一方は社会経済的成果，他方は健康で健全な生活——において異なる概念と言える。しかし，個人が社会と相互に関わりながら，自分と共に環境をもポジティブに変化させ，豊かな生活を営むのに必要な能力とは何かを説明しようとしている点では，ほぼ同じことを述べている。

　われわれが社会を構成する1人の人間として，それぞれの目的に応じて，より良く生きることにおいては，様々な視点から説明される生きるためのスキルを身につける必要がある。スポーツ活動の効果として獲得が期待される望ましい行動や態度，物事に取り組む際の意欲，自信，忍耐力，積極性，協調性などの心理的な能力は，般化することでそのスキルになると考えられる。なお，般化とほぼ同じ意味を持つ心理学用語として「転移」(transfer) がある。本書では統一して「般化」を用いることにする。

## 3. スポーツ活動による心理社会的効果とその般化

　WHOによりライフスキルの概念が明確にされて以降，人がより良い生活を実現するためには，建設的な行動や態度を形成し，またそのあり方に影響を及ぼすと考えられる意欲や自信，協調性などの心理的能力を向上させ，それらを状況に応じて適切に適用できることの重要性が指摘されてきた。本節では，そのことにスポーツ活動がどのようにかかわっているのか，スポーツ活動と心理社会的スキルやライフスキルとの関係について，実証的に行われた研究の成果をまとめ，今後の課題を考えることにする。

　なお，スポーツ活動を通じて獲得や向上が期待される建設的で望ましい行動や態度，さらに意欲，忍耐力，協調性，自己効力などの心理的能力については，これらを包括的に表す用語として，本書では「心理社会的スキル」を用いる。また，その心理社会的スキルがスポーツ活動を通じて獲得されたり向上したりすることを，スポーツ活動による「心理社会的効果」と表記する。これに対し，日常生活に関わる心理的スキルや社会的スキルなどは，WHOの定義に基づき，「ライフスキル」と表すことにする。

## (1) スポーツ活動と心理社会的スキル

**社会的スキル**

　スポーツ活動は，通常，指導者や仲間などその活動に関わる人々が，個人やチームの目標・目的に基づいて協働することで成り立つ。したがって，その成果をあげるためには，チームとしてのまとまりを築き，指導者と仲間ならびに仲間同士が効果的にお互いの意思を伝え，かつ受け取ることができるようにしなければならない。すなわち，指導者や仲間との間でいかに適切なコミュニケーションがとれているかが重要であり，このことは，スポーツにおける経験の質に影響を及ぼす（Connelly and Rotella, 1991）と言われる。また，特に子どものスポーツ活動では，仲間から受け入れられているという自覚（受容感）と，取り組んでいるスポーツの運動スキルに対する有能感の高さとの間には強い比例関係がある（Weiss and Duncan, 1992）とされる。したがって，チーム内の人間関係が肯定的かつ互恵的であり，相互に受容的であることは，スポーツ活動の充実を図る上で重要であり，そのような関係をつくるためには社会的スキルを身につけ，適正に用いることが必要と言える。

　先に指摘した主張性スキルについてみると，コネリーとロテラ（Connelly and Rotella, 1991）は，スポーツ活動場面において，選手が指導者や仲間に対して，活動に関連する意見があるのにもかかわらず，関係の悪化を避けるなどの理由からそれを表明しない場合，指導者や仲間はその方法や内容の実施について同意を得ていると判断し，本当は望まれていないことを行わせてしまうことになり，そのことが結果的に選手の欲求不満を募らせ，パフォーマンスの停滞を招きかねないと述べている。したがって，選手は適正な主張性スキルを身につけ，また指導者や仲間は相互の意見交換が適切に行われる雰囲気を醸成しなければならない。

　また，他者とのコミュニケーション能力について，競技レベルの高いバドミントン選手 110 名を対象に行われた研究（Levent et al., 2017）では，コミュニケーション能力の高さを示す得点が，性別や選手の経済状況では違いがみられず，国の代表選手であるかどうかによって違いがみられた。すなわち，代表として選抜されている選手のコミュニケーション能力が高いことが示された。競技レベルが高水準になるほど，関係する社会的状況が多くなり，人間関係の複

雑さも増すと予想される。そのような中では，社会的スキルを効果的に用いる力が経験的に向上したり，自らコミュニケーションに関わるスキルをさらに高めようと努力したりすることが考えられる。スポーツ活動に伴う社会的スキルの向上には，個人を取り巻く環境の中にどのような社会的状況が含まれているのか，その質が関係していると言えるようである。

ところで，近年，海外の研究では，スポーツ活動と向社会的行動（prosocial behaviors）についての検討が比較的に多くみられる。向社会的行動とは，自分以外の人や集団にとって有益となる社会的で建設的な行動（ファンデンボス，2013）のことであり，生命の危険をかえりみずに行う人命救助から，他者が落とした消しゴムを拾ってあげるようなことまで幅広い内容を含んでいる（バス，1991，p.111）。このような行動には，社会的スキルが深く関わっていると考えられる。

スポーツ活動に取り組む青少年男女329名（平均年齢15.9歳）を対象に行われた研究（Bruner et al., 2014）では，チームの一員であることに肯定的な感情を持ち一体感を強く自覚できている場合，仲間に対する励ましや建設的な意見を提案するなどの向社会的行動が多くなることが示された。また，チームとしての一体感は，対戦相手に対して反社会的行動（antisocial behavior：バス，1991，p.111）を行うことの直接的な要因とはならなかったが，強い仲間意識に基づく団結心が媒介要因となった場合には，対戦相手への反社会的行動につながることが示唆された。しかし同時に，このような強固な団結心は，仲間に対してさえも反社会的行動（例：失敗した仲間を口汚くののしる，口論をするなど）を行うことにつながることが示された。

また，向社会的行動の受け手への影響についても検討されている。様々な競技レベルの男女のサッカー選手（203名）ならびにバスケットボール選手（281名）を対象に行われた研究（Al-Yaaribi et al., 2016）によれば，試合中にチームメイトからより多くの向社会的行動を受けた選手は，その試合をより楽しみ，より頑張ってプレイし，パフォーマンスをより良い形で発揮できたと認識していることが示された。一方，反社会的行動を受けた選手は，頑張ってプレイする気力を失いパフォーマンスが低調となり，また怒りを募らせていることが認められた。

スポーツ場面における社会的スキルや向社会的行動は，仲間との肯定的な関係構築とその維持，そして，自らと仲間のパフォーマンスの向上にも好影響をもたらす心理社会的な能力として，その重要性が認識されなければならないと言えるようである。

ストレス対処スキル

第2章「スポーツと不安，ストレス」において，スポーツ場面のストレス状況を解消するためには，その状況をどのように認知的に評価し，どのような対処行動を選択・実行するのかが重要であることを説明した（pp. 39-40 参照）。ストレス対処スキルとは，この対処行動（coping）のことである。ラザルスとフォルクマン（Lazarus and Folkman, 1984）は，対処行動を，問題となっているストレッサーを解消していくことに焦点をあてた「問題中心の対処」（problem-focused coping）と，自分の気持ちをコントロールすることに焦点をあてた「情動中心の対処」（emotion-focused coping）の2つの型に分類している。原因となっている状況が変わりやすい，あるいは変えやすいと考えられる場合は問題焦点型が，原因が変わりにくい，あるいは変えにくい場合は情動焦点型が有効である（Morris, 1997）と考えられている。

また，2つの型への分類については，「気にかけない（blunting）―注視する（monitoring）」（Miller, 1980），「拒絶（rejection）―注意（attention）」（Mullen and Suls, 1982）など，複数が提案されている。特に，スポーツ心理学の多くの研究では，ロスとコーエン（Roth and Cohen, 1986）による「接近（approach）―回避（avoidance）」が多く引用されている（Anshel, 2012, p. 149）。さらに，接近と回避は，それぞれ行動的側面（behavioral）と認知的側面（cognitive）とに区別されている（Anshel, 2012, p. 148-149：表7-1）。図7-4 は，競技スポーツにおける対処行動の生起過程を，接近と回避の視点から示したものである（Anshel, 2012, p. 148）。

このように，ストレスへの対処行動は，いくつかの枠組みと，その枠組みから特徴づけられる行動として整理されている。一方，どの行動が効果的かは，そのときの状況によって異なる。例えば，チームが良い流れで試合を進めているとき，自分には思い当たらない反則の宣告を審判から受けたとする。このと

表 7-1 「接近-回避」による対処行動の行動的方略及び認知的方略の具体例（Anshel, 2012, p.149：一部を加筆修正し著者訳出）

| 行動の型 | 側 面 | 具体例 |
| --- | --- | --- |
| 接 近 | 行動的 | 立ち向かう，主張する，自分を支援してくれる人を探す，説明する，証明する，非言語的あるいは言語的な方法で友好的に接する，議論する，友人や仲間に訴える，心理的な支えとなってくれる人に話を聴いてもらう． |
|  | 認知的 | ひそかにうまくいくような手立てを考える，状況を分析する，肯定的な言葉や考えを自分に対してつぶやく，正当化する，気持ちを奮い立たせる． |
| 回 避 | 行動的 | 退く，歩み去る，他者とともに策略を練る，ひそかに練習をする，他の活動に没頭する（例：読書，テレビ視聴，ビデオ・音楽鑑賞），他者の支援を受ける，レクリエーションに出かける． |
|  | 認知的 | 遭遇している事柄の重大性を割り引いて考える，その状況から心理的に距離を置く，自分の都合に合わせて状況を解釈し直す，不都合な考えや自分にとって否定的な考えを止める（ソート・ストッピング），無視する，独り言をつぶやく，心理的スキル（イメージ技法，漸進的筋弛緩法など）を用いて落ち着きを取り戻す． |

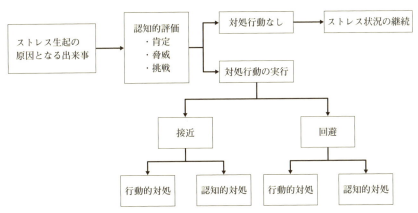

図 7-4 競技スポーツにおける対処行動の生起過程（Anshel, 2012：著者訳出）

き，潔白を主張する行動を選択すれば（接近-行動），自分のストレス状況の解消にはなるかもしれない．しかし，ゲームが中断し，良い流れを相手に奪われるかもしれない．したがって，このような場合はむしろジャッジを無視し（回避-認知），プレイを継続した方が良いと言える．スポーツ活動中の効果的な

ストレス対処法とは，対処行動を状況に応じてうまく使い分けるということである。

ただし，ここで十分に認識すべきことは，対処行動はスキルであるという点である。すなわち，パフォーマンスのスキルと同様に，学び，練習し，意識して使わなければ身につかないということである。したがって，日常の練習プログラムの中に，ストレス対処法の練習も含め，事前に知識を身につけ，ロールプレイなどの練習を通じて定着を図る必要がある。

また，単に，ストレスの解消だけを目的とすれば，社会的配慮や建設的意味を含まない対処行動を容認することになる。例えば，自分の怒りやチームのうっぷんを解消するために，ストレスの原因となる行動をとった相手に暴力を加えるなどの行為である。残念ではあるが，競技中に，このような光景が現実に見られる場合がある。健康的で建設的な心理社会的スキルの獲得と向上を，スポーツ活動の効果の1つととらえるのであれば，暴力などの対処行動は用いないように心がけなければならない。

## (2) スポーツ活動における心理社会的スキルの般化とライフスキルの形成介入プログラム

スポーツ活動とライフスキルの関係を検討した研究は，海外では1980年前後からみられるようになり，2000年代に入るとその数は急増する。このような中，もっとも早くにスポーツ場面の対人スキルや自己制御スキルなどがライフスキルに般化することの重要性を指摘したのが，デニッシュ（Steven J. Danish）である。デニッシュは，これらのスキルを身につけさせることの必要性を人間形成の促進という視点から説明し，その方法としてプログラムによる介入の有効性を指摘した（Danish and Hale, 1981）。また，スポーツは，多くの若者にとって，自らの有能感を認識し，人生を有意義に送るためのスキルを学ぶ場として有効である（Danish et al., 1990）と述べている。さらに，教育的にスキルを身につけさせる場合には，スキルを知識として理解させること，モデルによって具体例を示すこと，完全にプログラム化して練習させることが必須であると指摘している。表7-1は，運動や行動に関するスキルから対人的スキルなどのあらゆるスキルのトレーニング・プログラムにおいて，また誰に対する

3. スポーツ活動による心理社会的効果とその般化

表7-2 介入プログラムの必要条件（Danish and Hale, 1981：著者訳出）

①行動に関する用語を用いてスキルを定義する
②定義されたスキルに関する理論的説明を分かりやすく提示する
③スキルの到達レベル（能力レベル）を明確にする
④スキルの効果的な使用法および効果的でない使用法の実演モデルを作り利用する
⑤完全に管理されたスキル練習の機会を設定する
⑥スキルの般化を促進する自主課題（宿題）を設定する

プログラムであっても，共通に備えられるべき6つの要件である（Danish and Hale, 1981）。

その後，1990年代から2000年代に入ると，アメリカを中心に，地域におけるスポーツ活動を通じた様々なライフスキルプログラムが提出・実践され，その効果が確かめられてきた。例えば，バージニア州立大学（Virginia Commonwealth University）ライフスキルセンターにおいてデニッシュ（Danish, 2002）が開発した「The SUPER Program（Sports United to Promote Education and Recreation）」は，バスケットボール，サッカー，ゴルフ，ラグビー，バレーボールなどの活動と共に実施され，またその短縮版プログラムなども開発されて，目標設定や問題解決に関するスキルの向上などが確認されている（Papacharisis et al., 2005, 2007）。また，全米フットボール財団（The National Football Foundation：NFF）によるプログラム「The Play It Smart」は，2年間の追跡調査の結果，介入プログラムに参加した生徒（男子生徒のみ）は，学業成績や学力適正検査の結果が一般の生徒よりも高く，卒業率や進学率も向上し，地域への貢献活動にも多く取り組むなどの効果が認められた（Petitpas et al., 2004）。これらの成果により，スポーツ活動を利用して身につけられる心理社会的スキルはライフスキルへと般化すると考えられ，スポーツ活動のライフスキル獲得における有効性が，明確に指摘されるようになってきている。

一方，国内では，上野・中込（1998）がもっとも早期にスポーツとライフスキルとの関係を検討し，運動部活動に取り組む高校生と取り組んでいない生徒との比較結果から，運動部活動に取り組む生徒はスポーツ場面で必要な心理社会的スキルをライフスキルとしてより顕著に獲得していること，またその獲得状況には指導者の働きかけが影響することなどを明らかにした。その後，村上

ほか（2001, 2004）が，スポーツ経験がライフスキルの獲得に影響を与え，その獲得状況には性差や競技レベルによる違いがみられることを，上野（2006, 2007）が運動部活動によるライフスキルの獲得が時間的展望（過去や現実に対する客観的評価を通じて行われる，将来目標の設定や時間管理などにおいて基盤となる見通し：上野，2006）を促すことを，さらに島本・石井（2007）が大学生を対象とする調査分析から，体育授業におけるスポーツ活動経験が生活に対する満足感を媒介してライフスキルの獲得に肯定的な影響を及ぼすことなどの知見を提出している。

　ただし，地域におけるスポーツ活動を通じたライフスキル教育プログラムについては，国内では，例えばデニッシュ（2002）による「The SUPER Program」のように，公的機関や研究機関が介入プログラムを開発し，その実践と評価を研究の一環として行ったという報告は，これまでのところみられない。このような中，渋倉・佐々木（2012）は，幼稚園児（5歳）32名と学童野球チームに所属する27名（3年生5名，4年生12名，5年生10名）の児童のそれぞれを対象とするライフスキルプログラムを作成し，その効果を検討している。特に，小学生児童を対象とした実践では，主張性スキルを高めるオリジナルのプログラムが作成され，介入の前後で関連の調査尺度の得点が比較された。その結果，スポーツ活動場面と日常生活場面の両面において，主張性スキルと対人コミュニケーション・スキルの得点が，明確に向上したことが確認された。プログラムへの取り組みが男子児童のみであったことや，効果を比較検証するための介入を行わないグループ（統制群）が設定されなかったことなど，研究上の課題は残されたが，地域におけるスポーツ活動を通じてライフスキルの獲得を促進できることが，国内の子どもを対象とした研究でも実証的に示されたことは，介入プログラムの研究の今後の発展につながると考えられる。

**般化の実証的検証**

　スポーツ活動の効果として獲得された心理社会的スキルが，スポーツ活動以外の日常生活におけるライフスキルへと般化する可能性のあることが，介入プログラム後の行動の変化から指摘されてきた。ここでは，般化を意図して作成されたスポーツ活動のプログラムではなく，国内において学校教育活動の一環

3. スポーツ活動による心理社会的効果とその般化

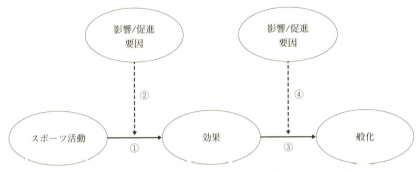

図7-5　スポーツ活動の効果と般化モデル（西田ほか，2014）

として実施されている運動部活動に関わる心理社会的スキルの獲得とその般化について考える。

運動部活動における心理社会的スキルと日常生活のライフスキルとの関係について，般化の視点から時系列にデータを収集し，両者の因果関係を明らかにすることを目的に実証的に検討した研究として，西田ほか（2014）による研究報告があげられる。

西田ほか（2014）は，スポーツ活動の心理社会的効果とその般化を説明するモデル（図7-5）を提出し，以下の検討課題を検証した。

①スポーツ活動によって，どのような心理社会的効果が生まれるのか
②それらの効果は，何によって影響/促進されるのか
③日常生活にも般化されるのか
④般化されるのであれば，般化は何よって影響/促進されるのか
⑤スポーツ活動の心理社会的効果と般化は，同時に生じることもあるのか

小学生高学年（5・6年生），中学生，高校生に対する調査から得たデータを分析した結果，まず，スポーツ活動の心理社会的効果としては，小学生から高校生までほぼ共通して，忍耐力，集中力，問題解決能力あるいは思考力，ストレスマネジメント能力，協調性，コミュニケーション能力，挨拶や礼節をふまえた態度，および感謝の気持ちを表明する態度の形成や向上と，スポーツ活動

に関わる自己効力感（西田ほか（2014）における表記をそのまま記載）の向上があげられた。そして，これらの効果の獲得には，練習への意欲的な取り組み，仲間や指導者との密接な相互作用，困難なことへの我慢強い取り組みなどの経験を積むことと，個人の体力や能力に応じた課題目標を重視する練習が行われていることなどが関係していると考えられた。

次に，心理社会的効果の日常生活への般化について，パネルデータ分析と呼ばれる統計分析法を用いて検証された。分析の結果，小学生は男女共通に協調性と自己効力感が，中学生は男女共通に忍耐力が般化すると考えられた。また，般化するスキルは小学生では男子に比べて女子の方が，また中学生では女子に比べて男子の方が多岐に及ぶなどの特徴がみられた（西田ほか，2014；佐々木，2014）。一方，高校生においては，心理社会的スキルのすべての般化が統計的に認められ，特に，協調性やコミュニケーション能力などの社会的スキルの般化が生じやすいと考えられた（渋倉ほか，2018）。以上により，運動部活動による心理社会的効果は般化すると考えられるものの，学校段階や性別によって，般化するスキルの内容は異なることが示唆された。また，スポーツ活動における心理社会的スキルが日常生活に適用され，さらにそれがスポーツ活動へと回帰的に適用されるようになるなどの因果関係も確認され，般化は循環的に生じることもあると考えられた（西田ほか，2014；渋倉ほか，2018）。

また，般化を促進するには，スポーツ活動に取り組む主体において，第1に，心理社会的スキルを身につけることの大切さが理解されていること，第2に，どのスキルをどのように用いればどのような結果になるのか，すなわちスキルの実施とその結果の随伴性が理解されていること，そして第3に，スポーツ活動場面の心理社会的スキルは日常生活の類似した場面や状況においても役に立つということが理解されていることの3点の重要性が分析結果から指摘された。

本章のはじめにみたように，スポーツ活動への取り組みによって，さまざまな能力が身につくであろうことは，これまでは当然のこととして期待されてきたと考えられる。しかし，改めて，データに基づいて実証的に検討すると，学校段階や男女の違いによって，スポーツ活動による心理社会的効果の般化の様相は異なることが示唆された。成長・発達の段階として，心身共に，また社会的にも複雑さが増し，さらにその変化の速さが著しい思春期から青年期にかけ

て，心理社会的能力の形成・発展が一律に進むと考えること自体が，そもそも現実に合っていないのかもしれない。

　しかし，スポーツ活動による心理社会的効果の獲得とその般化を，可能な限り多くの青少年に実現させることは，彼らの成長・発達を教育的視点に基づいて支えようとする場合には，重要であり検討されるべき課題であると言える。現在，学校の運動部活動をめぐっては，指導者不足や体罰など，大きな問題が指摘されている。今後は，パフォーマンスを向上させ，良い成績を収めさせることだけに傾注する部活動ではなく，健全な心理社会的能力の育成と発展を明確に目的として位置づけた介入プログラムとしての部活動の在り方を考え，実践に移していくことが重要と思われる。また，このような運動部活動や地域のスポーツ活動が実践され，その成功例が蓄積されるようになれば，現代人にとってのスポーツ活動の意義に対する多くの人々の理解を深めることにつながり，スポーツと健全な社会との関わりをますます発展させていくことができると期待される。

# 引用文献

## 第 1 章

Adam, G., and Chris, H. (2014). Developmental experiences of elite female youth soccer players. *International Journal of Sport and Exercise Psychology*, 12: 150-165.

アイゼンク・ラックマン：黒田実郎訳 (1967). 神経症——その原因と治療. 岩崎学術出版社. (Eysenck, H. J., and Rachman, S. (1965). *The causes and cures of neurosis*. Routledge & Kegan Paul Ltd.)

雨宮 怜・坂入洋右 (2015). スポーツ競技者のアレキシサイミア傾向とバーンアウトに対する抑制因としてのマインドフルネスの役割. スポーツ心理学研究, 42(2)：81-92.

Anshel, M. H. (2012). *Sport Psychology from Theory to Practice* (Fifth Edition). Benjamin Cummings.

David, S. R., Yair, G., and Gershon, T. (2017). Who are you, ref? Defining the soccer referee's career using a change-based perspective. *International Journal of Sport and Exercise Psychology*, 15: 118-130.

Domagoj, L., Selen, R., and Gorshon, T. (2015). Nonverbal sensitivity, verbal communication, and team coordination in tennis doubles. *International Journal of Sport and Exercise Psychology*, 13: 398-414.

Eysenck, H. J. (1963). Biological basis of personality. *Nature*, 199: 1031-1034.

藤田 厚 (2003). 日本スポーツ心理学会30年の歩み——これまでとこれから. スポーツ心理学研究, 30：55-62.

ハラリ：柴田裕之訳 (2016). サピエンス全史・下. 河出書房新社. (Harari, Y. N. (2016). *Sapiens: A Brief History of Humankind*. The Deborah Harris Agency)

改田明子 (1999). 観念. 中島義明ほか編, 心理学辞典. 有斐閣, p.147.

Karin, M., Goran, K., Martin, B., and Mikael, M. C. (2018). Nonverbal post-shot celebrations and their relationship with performance in elite handball. *International Journal of Sport and Exercise Psychology*, 16: 235-249.

菊政俊平・國部雅大 (2018). 野球の捕手におけるプレー指示場面での状況判断および視覚探索に関する方略. スポーツ心理学研究, 45(1)：27-41.

小林正弥 (2015). アリストテレスの人生相談. 講談社.

コーリンほか：小須田健訳 (2013). 心理学大図鑑. 三省堂. (Nigel Benson, N., Collin, C., Ginsburg, J., Grand, V., Lazyan, M., and Weeks, M. (2012). *The Psychology Book*. Dorling Kindersley Limited)

熊谷史佳・門岡 晋・菅生貴之 (2018). 選択的注意反応課題における大学生アスリートの

認知情報処理能力の評価——事象関連電位 P3 と反応時間を指標として——．スポーツ心理学研究，45(1)：1-11.
松田岩男（1974）．スポーツ心理学の動向．スポーツ心理学，1：2-3.
松井幸太（2014）．高校運動部活動における生徒の内発的動機づけ——指導者のフィードバック行動および生徒と指導者の関係に対する生徒の認知からの検討——．スポーツ心理学研究，41：51-63.
ミシェル・ショウダ・アイダック：黒沢香・原島雅之監訳（2010）．パーソナリティ心理学 全体としての人間の理解．培風館．(Mischel, W., Shoda, Y., and Ayduk, O. (2007). *Introduction to Personality: Toward an Integrative Science of the Person*. Eighth Edition. John Wiley & Sons.)
村山宣寛（2009）．心理学で何がわかるか．筑摩書房，pp. 23-30.
無藤　隆・森　敏昭・遠藤由美・玉瀬耕治（2004）．心理学．有斐閣．
中込四郎・岸順治（1991）．運動選手のバーンアウト発症機序に関する事例研究．体育学研究，35：313-323.
中須賀巧・阪田俊輔・杉山佳生（2017）．高校体育における動機づけ雰囲気および目標志向性が生徒の体育授業満足感に与える影響．体育学研究，62：297-312.
中須賀巧・半田俊輔・杉山佳生（2015）．体育授業における動機づけ雰囲気が生徒の結果予期に与える影響．体育学研究，60：759-772.
中須賀巧・須崎康臣・阪田俊輔・木村　彩・杉山佳生（2014）．動機づけ雰囲気および目標志向性が体育授業に対する好意的態度に与える影響．体育学研究，59：315-327.
夏原隆之・中山雅雄・加藤貴昭・永野智久・吉田拓矢・佐々木亮太・浅井　武（2015）．サッカーにおける戦術的判断を伴うパスの遂行を支える認知プロセス．体育学研究，60(1)：71-85.
二宮克美・浮谷秀一・堀毛一也・安藤寿康・藤田主一・小塩真司・渡邊芳之（2013）．パーソナリティ心理学ハンドブック．福室出版．
小笠希将・中本浩揮・幾留沙智・森　司朗（2016）．プレッシャーが知覚および運動プランニングに及ぼす影響．体育学研究，61：133-147.
大久保archive・高井秀明・坂部崇政・楠本恭久（2015）．タイムプレッシャーが刺激評価と処理資源に及ぼす影響．体育学研究，60：209-221.
大野　裕（2011）．はじめての認知療法．講談社．
佐々木丈予・関谷寛史（2014）．心理的プレッシャーが1歩踏み出し運動の初期姿勢ならびに予測的姿勢制御に及ぼす影響．体育学研究，59：577-589.
松竹貴大・實宝希祥・門岡　晋・菅生貴之・浅井　武（2016）．サッカー選手の判断に伴う中枢情報処理能力の評価——反応時間と事象関連電位を指標として——．スポーツ心理学研究，43(1)：1-13.
下山晴彦（2002）．心理学の新しいかたちを探る．下山・子安編，心理学の新しいかたち．誠信書房，pp. 3-4, 20.
下山晴彦（2003）．心理学の研究とは．南風原ほか編，心理学研究．財団法人放送大学教育振興会．
杉原　隆（2012）．体育心理学専門分科会の黎明期　体育心理学専門分科会の設立．体育心

理学専門分科会50年記念誌, pp. 22-24.
高松祥平・山口泰雄 (2016). 高校野球における監督のコンピテンシーが選手の内発的動機づけに及ぼす影響. 体育学研究, 61：461-473.
田中輝海・杉山佳生 (2015). バーンアウト傾向に及ぼすポジティブ感情の改善効果：問題焦点型コーピングを媒介変数として. 体育学研究, 60(2)：479-488.
田中輝海・須崎康臣・水落文夫・杉山佳生 (2016). スポーツ領域におけるバーンアウトの発症プロセスの検討：スポーツ選手版バーンアウトプロセス尺度の開発. 体育学研究, 61(2)：717-728.
田中美吏・柄木田健太・村山孝之・田中ゆふ・五藤佳奈 (2018). 心理的プレッシャー下でのダーツ課題におけるサイズ知覚とパフォーマンス結果. 体育学研究, 63：441-455.
田中美吏・霜　辰徳・野坂祐介 (2016). 心理的プレッシャー下における不安定場での立位姿勢制御：下肢筋活動と足圧中心からの評価. 体育学研究, 61：289-300.
徳永幹雄 (2004). スポーツ心理学の研究とは. 日本スポーツ心理学会編, 最新スポーツ心理学　その軌跡と展望. pp. 9-16.
Van Raalte, J. L., and Brewer, B. W. (2014). *Exploring Sport and Exercise Psychology (Third Edition). American Psychological Assosiation.*

## 第2章

Anderson, M. B., and Williams, J. M. (1987). Gender role and sport competition anxiety: A re-examination. *Research Quarterly for Exercise and Sport,* 58: 52-56.

Anshel, M. H. (1985). Effect of arousal on warm-up decrement. *Research Quarterly for Exercise and Sport,* 56: 1-9.

Anshel, M. H. (2003). *Sport Psychology: From Theory to Practice Fourth Edition.* Benjamin Cummings, San Francisco, pp. 135-168.

Broadhurst, P. L. (1957). Emotionality and the Yerkes-dodson law. *Journal of Experimental Psychology,* 54: 345-352.

Gotwals, J. K., and Dunn, J. G. H. (2007). An examination of the relationship between sport-based perfectionism and competitive trait anxiety among male intercollegiate ice hockey players. *Journal of Sport and Exercise Psychology,* 29: 164-165.

Hebb, D. O. (1955). Drives and The C. N. S (Conceptual Nervous System). *Psychological Review,* 62: 243-254.

Holmes, T. H., and Rahe, R. H. (1967). The social readjustment rating scale. *Journal of Psychosomatic Research,* 11: 213-218.

煙山千尋 (2013). スポーツ選手用ストレス反応尺度の開発. 岐阜聖徳学園大学紀要, 52：31-38.

煙山千尋・尼崎光洋 (2013). 女性スポーツ選手のストレッサーとストレス反応, Female Athlete Triadとの関連. ストレス科学研究, 28：26-34.

Krane, V., and Williams, J. M. (1987). Performance and somatic anxiety, cognitive anxiety, and confidence change prior to competition. *Journal of Sport Behavior,* 10: 47-56.

Landers, D. M., and Arent, S. M. (2010). Arousal-performance relationships. In J. M. Williams (Ed.), *Applied Sport Psychology: Personal Growth to Peak Performance* (6th ed., pp. 221-246). New York: McGraw-Hill.

Lazarus, R. S., and Folkman, S. (1984). *Stress, Appraisal, and Coping*. Springer Publishing company.

Martens, R., Burton, D., Vealey, R. S., Bump, L. A., and Smith, D. E. (1990). *Development and Validation of the Competitive State Anxiety Inventory-2*. Human Kinetics.

岡浩一郎・竹中晃二・松尾直子・堤　俊彦（1998）．大学生アスリートの日常・競技ストレッサー尺度の開発およびストレッサーの評価とメンタルヘルスの関係．体育学研究，43：245-259．

Oxendine, J. G. (1970). Emotional arousal and motor performance. *Quest*, 13, 23-32.

生和秀敏（1999）．不安．中島他編，心理学辞典．有斐閣，p.738．

Selye, H. (1956). *The Stress of Life*. McGraw-Hill Companies.

渋倉崇行（2001）．高校運動部員の部活動ストレッサーとストレス反応との関連．新潟工科大学研究紀要，6：137-146．

渋倉崇行・小泉昌幸（1999）．高校運動部員用ストレス反応尺度の作成．スポーツ心理学研究，26：19-28．

渋倉崇行・森　恭（2002）．高校運動部員の部活動ストレッサーに対するコーピング採用とストレス反応との関連．スポーツ心理学研究，29：19-30．

渋倉崇行・西田　保・佐々木万丈（2008）．高校運動部員の部活動ストレッサーに対する認知的評価尺度の再構成．体育学研究，53：147-158．

Smith, R. E., Smoll, F. L., and Schutz, R. W. (1990). Measearments and correlates of sport-specific cognitive and somatic trait anxiety. *Anxiety Research*, 2: 263-280.

Spielberger, C. D. (1966). Theory and research on anxiety. In C. D. Spielberger (Ed.), *Anxiety and Behavior*, pp. 3-20: Academic Press.

Wang, J., Marchant, D., Morris, T., and Gibbs, P. (2004). Self-consciousness and trait anxiety as predictors of choking in sport. *Journal of Science and Medicine in Sport*, 7(2): 174-185.

Yerkes, R. M., and Dodson, J. D. (1908). The relation of strength of stimulus to rapidity of Habit-Formation. *Journal of Comparative Neurology and Psychology*, 18, 459-482.

## 第3章

Atkinson, J. W. (1957). Motivational determinants of risk-taking behavior. *Psychological Review*, 64(6): 359-372.

Atkinson, J. W. (1974). Strength of motivaton and efficiency of performance. In J. W. Atkinson and J. O. Ranor (Eds.), *Motivation and Achievement*. Winston & Sons.

Atkinson, J. W. (1978). *An Introduction to Motivation* (2nd ed.). D. Van Nostrand Company.

Bandura, A. (1977). *Social Learning Theory*. Prentice-Hall.（バンデューラ：原野広太郎監訳（1979）．社会的学習理論──人間理解と教育の基礎．金子書房）

Deci, E. L., and Ryan, R. M. (1985). *Intrinsic Motivation and Self-Determination in Human*

*Behavior*. New York: Plenum.

Deci, E. L., and Ryan, R. M. (2002). *Handbook of Self-Determination Research*. University of Rochester press.

Diener, C. I., and Dweck, C. S. (1978). An analysis of learnd helplessness: Continuous changes in performance, strategy, and achievement cognitions following failure. *Journal of Personality and Social Psychology*, 36: 451-462.

Diener, C. I., and Dweck, C. S. (1980). An analysis of learnd helplessness: II. The processing of success. *Journal of Personality and Social Psychology*, 39: 940-952.

Dweck, C. S. (1986). Motivation processes affecting learning. *American Psychologist*, 41: 1040-1048.

福島脩美 (1985). 自己効力 (セルフエフィカシー) の理論. 祐宗省三ほか編, 社会的学習理論の新展開. 金子書房, p. 43.

速水敏彦 (2008). 動機づけの概念. 日本スポーツ心理学会編, スポーツ心理学事典. p. 237.

速水敏彦 (2012). 感情的動機づけ理論の展開. ナカニシヤ出版.

林俊一郎 (1993)「ストレス」の肖像. 中央公論社.

磯貝浩久 (2004). スポーツにおける目標設定. 日本スポーツ心理学会編, 最新スポーツ心理学 その軌跡と展望. 大修館書店, pp. 45-54.

伊藤豊彦 (1996). スポーツにおける目標志向性に関する予備的検討. 体育学研究, 41: 261-271.

伊藤豊彦 (2013). 動機づけ理論. 西田保編, スポーツモチベーション. 大修館書店, pp. 29-30.

Kyllo, L. B., and Landers, D. M. (1995). Goal setting in sport and exercise: A research synthesis to resolve the controversy. *Journal of Sport and Exercise Psychology*, 17: 117-137.

レイサム:金井壽宏監訳・依田卓巳訳 (2009). ワーク・モチベーション. NTT出版. (Latham, G. P. (2007). *Work Motivation: History, Theory, Research, and Practice*. Sage Publications)

Locke, E. A. (1968). Toward a theory of task motivation and incentives. *Organizational Behavior & Human Performance*, 3: 157-189.

Locke, E. A., and Latham, G. P. (1985). The application of goal setting to sports. *Journal of Sport Psychology*, 7: 205-222.

マズロー:上田吉一訳 (1964). 完全なる人間. 誠信書房. (Maslow, A. H. (1962). *Toward a Psychology of Being*. Van Nostrand)

マズロー:小口忠彦訳 (1987). 人間性の心理学. 産業能率大学出版部. (Maslow, A. H. (1970). *Motivation and Personality* (2nd ed.). Harper & Row)

宮本美沙子・奈須正裕 (1995). 達成動機の理論と展開 続・達成動機の心理学. 金子書房.

村山航・松元健二 (2015). やる気 内発的動機づけの神経科学. 生体の科学, 66(1): 19-23.

Nicholls, J. G. (1984). Achievement motivation: Conceptions of ability, subjective experi-

ence, task choice, and performance. *Psychological Review*, 91: 328-346.
佐々木万丈（2002）．中学生用体育学習心理的ストレスレベル測定尺度の短縮版の開発と標準化．体育学研究．47：383-394.
渋倉崇行（2001）．高校運動部員の部活動ストレッサーとストレス反応との関連．新潟工科大学研究紀要．6：137-146.
祐宗省三・原野広太郎・柏木恵子・春木豊（1985）．社会的学習理論の新展開．金子書房．
外山美樹（2011）．行動を起こし，持続する力　モチベーションの心理学．新曜社．
Weiner, B. (1972). *Theories of motivation*. Chicago: Rand McNally.
Weiner, B., Frieze, I. H., Kukla, A., Reed, L., Rest, S., and Rosenbaum, R. M. (1971). Perceiving the causes of success and failure. In Jones, E. E., Kanouse, D., Kelley, H. H., E. Nisbett, R., Valins, S., and Weiner, B. (Eds.), *Attribution: Perceiving the Cause of Behavior*. General Learning Press.
Weiner, B., and Kukla, A. (1970). An attributional analysis of achievement motivation. *Journal of Personality and Social Psychology*, 15: 1-20.

## 第4章
荒木雅信（2008）．練習の編成　集中練習と分散練習．日本スポーツ心理学会編，スポーツ心理学事典．大修館書店．
Gagné, R. M. (1972). Domains of Learning. *Interchange*, 3(1): 1-8.
Janelle, C. H., Kim, J., and Singer, R. N. (1995). Subject-controlled performance feedback and learning of a closed skill. *Perceptual and Motor Skills*, 81: 627-634.
柏原健三・藤善尚憲・安田昭子（1972）．運動学習．鷹野健次・藤田厚・柏原健三・近藤充夫・藤善尚憲・長田一臣編著，体育心理学研究　身体運動の心理学．杏林書院．
菊地直子（2012）．スランプからの脱出．中込四郎・伊藤豊彦・山本裕二編著，よくわかるスポーツ心理学．ミネルヴァ書房．
岸野雄三（1972）．スポーツ技術の概念．岸野雄三・多和建雄編，スポーツの技術史．大修館書店，pp.7-15.
工藤和俊（2008）．学習過程・練習法　高原現象．日本スポーツ心理学会編，スポーツ心理学事典．大修館書店．
工藤孝幾（2000）．合理的な練習を目指して　反復練習の工夫．杉原隆・船越正康・工藤孝幾・中込四郎編著，スポーツ心理学の世界．福村出版．
工藤孝幾（2002）．運動学習における文脈干渉効果と認知スタイルとの相互作用．福島大学教育学部論集，73：1-14.
工藤孝幾（2003）．運動学習の方略．体育の科学，53：316-320.
工藤孝幾（2004）．運動学習のパラドックスと学習者の意図．日本スポーツ心理学会編，最新スポーツ心理学　その軌跡と展望．大修館書店．
松田岩男（1961）．体育心理学．大修館書店．
松井泰二（2013）．バレーボールのブロックに対するコーチング――全習法と分習法のスパイラル．*Training Journal*, 35(1): 24-30.
松本芳明（2006）．運動技術史．日本体育学会監修，最新スポーツ科学事典．平凡社．

pp. 38-39.
中込四郎（2008）．スランプとは．日本スポーツ心理学会編，スポーツ心理学事典．大修館書店．pp. 613-615.
中島義明・安藤清志・子安増生・坂野雄二・繁桝算男・立花政夫・箱田裕司（1999）．心理学辞典　学習．有斐閣．
Niemeyer, R. K. (1958). Part versus whole method and massed versus distributed practice in learning of selected large muscle activity. University of Southern California.
佐藤　誠（2006）．運動学習．日本体育学会編，最新スポーツ科学事典．平凡社，p. 30.
関矢寛史（2006）．文脈干渉効果．日本体育学会編，最新スポーツ科学事典．平凡社．
関矢寛史（2008）．FBの分類．日本スポーツ心理学会編，スポーツ心理学事典．大修館書店．
シンガー：松田岩男監訳（1986）．スポーツトレーニングの心理学．大修館書店．
Shea, J. B. and Kohl, R. M. (1990). Specificity and variability of practice. *Research Quarterly for Exercise and Sport*, 61(2): 169-177.
Shea, J. B. and Morgan, R. L. (1979). Contextual interference effects on the acquisition, retention, and transfer of a motor skill. *Journal of Experimental Psychology: Human Learning and Memory*, 5(2): 179-187.
Sherwood, D. E. (1988). Effect of bandwidth knowledge of results on movement consistency. *Perceptual and Motor Skills*, 66: 535-542.
Swinnen, S. P., Schmidt, R. A., Nicholson, D. E., and Shapiro, D. C. (1990). Information feedback for skill acquisition: Instantaneous Knowledge of results degrades learning. *Journal of Experimental Psychology. Learning Memory, and Cognition*, 16: 706-716.
辰野千寿編（1985）．心理学　第2版．日本文化科学社．
筒井清次郎（2003）．学習に果たす付加的フィードバックの役割．日本体育学会編，体育の科学，53(5)：325-328.
筒井清次郎・佐藤裕一（2015）．運動学習における学習者によるKRの選択的利用の効果．教科開発学論集，3：125-129.
友添秀則（2006）．運動学習．日本体育学会編，最新スポーツ科学事典．平凡社，p. 125.
ファンデンボス：繁桝算男・四本裕子監訳（2013）．APA心理学大辞典．培風館．(Vandenbos, G. R. (2007). *APA Dictionary of Psychology*. the American Psychological Association. (APA))
Winstein, C. J., and Schmidt, R. A. (1990). Reduced frequency of Knowledge of results enhances motor skill learning. *Journal of Experimental Psychology: Learning, Memory and Cognition*, 16: 677-691.
山本裕二（2012）．全体練習と部分練習．中込四郎・伊藤豊彦・山本裕二編著，よくわかるスポーツ心理学．ミネルヴァ書房．
吉田　茂（2006）．運動技能．日本体育学会監修，最新スポーツ科学事典．平凡社，pp. 40-41.
吉田　茂（2008）．運動技術と運動技能．日本スポーツ心理学会編，スポーツ心理学事典．大修館書店，p. 183.

## 第 5 章

Adler, A. (1932). *What Life Should Mean to You*. Bishop & Sons, LTD.

アドラー：岸見一郎訳・野田俊作監訳（1996）．個人心理学講義　生きることの科学．一光社．(Adler, A. *The Science of Living*, Introd. & ed. H. L. Ansbacher, Doubleday Anchor Books, 1969 [Original: 1929])

赤井誠生（1999）．誘発性．中島義明ほか編，心理学辞典．有斐閣，p. 857.

雨宮　怜（2014）．プロセスから見たバーンアウト――大学生スポーツ競技者を対象としたモデルの比較検討．教育研究，56：71-79．

雨宮　怜・上野雄己・清水安夫（2013）．大学生スポーツ競技者のアスレティック・バーンアウトに関する研究：大学生スポーツ競技者版バーンアウト尺度の開発及び基本的属性を用いた検討．スポーツ精神医学，10：51-61．

ベネッセ教育総合研究所（1999）．モノグラフ・小学生ナウ vol. 20-1 調査レポート　運動の苦手な子．ベネッセ．http://www.blog.crn.or.jp/search/01/09.html．(参照日 2018 年 3 月 19 日)．

Caccese, T. M. and Mayergerg, C. K. (1984). Gender Differences in Perceived Burnout of College Coaches. *Journal of Sport Psychology*, 6(3): 279-288.

Cherniss, C. (1980). *Professional Burnout in Human Service Organizations*. New York: Praeger.

deCharms, R. (1968). *Personal Causation: The Internal Affective Determinants of Behavior*. Academic Press.

遠藤辰雄（1981）．アイデンティティの心理学．ナカニシヤ出版．p. 42.

Freudenberger, H. J. (1974). Staff burnout. *Journal of Social Issues*, 30(1): 159-165.

Freudenberger, H. J. (1975). The staff burn-out syndrome in alternative institutions. *Psychotherapy: Theory, Research and Practice*, 12: 73-82.

波多野誼余夫・稲垣佳世子（1981）．無気力の心理学．中央公論社．pp. 2-8.

波多野義郎・中村精男（1981）．「運動ぎらい」の生成機序に関する事例研究．体育学研究，26(3)：177-187．

ハーツ：綾部早穂監修・安納令奈訳（2012）．あなたはなぜ「嫌悪感」をいだくのか．原書房．(Herz, R. (2012). *That's Disgusting: Unraveling the Mysteries of Repulsion*. W. W. Norton & Company)

市川伸一（1995）．学習と教育の心理学．岩波書店．

井上文夫・藤原　寛・木崎善郎・衣笠昭彦・杉本　徹（2002）．小学校高学年の運動の好き嫌いと体脂肪率との関連．小児保健研究，61(2)：328-333．

イザード：荘厳舜哉監訳（1996）．感情心理学．ナカニシヤ出版．(Izard, C. E. (1991). *The Psychology of Emotion*. Plenum press)

鎌原雅彦・亀谷秀樹・樋口一辰（1983）．人間の学習性無力感（Learned helplessness）に関する研究．教育心理学研究，31：80-95．

岸　順治・中込四郎・高見和至（1988）．運動選手のバーンアウト尺度作成の試み．スポーツ心理学研究，15(1)：54-59．

Maslach, C., and Jackson, S. E. (1981). The measurement of experienced burnout. *Journal*

　　　　*of Occupational Behavior*, 2: 99-113.
Mattingly, M. A.（1977）. Sources of stress and burn-out in professional child care work. *Child Care Quarterly*, 6(2): 127-137.
中込四郎・岸　順治（1991）. 運動選手のバーンアウト発症機序に関する事例研究. 体育学研究, 35：313-323.
Raedeke, T. D., and Smith, A. L.（2001）. Development and Preliminary Validation of an Athlete Burnout Measure. *Journal of Sport and Exercise Psychology*, 23: 281-306.
Rotter, J.（1966）. Generalized expectancies for internal versus external control of reinforcement. *Psychological Monographs*, 80: 1-28.
佐久本　稔（1970）. 運動嫌いにさせるものはなにか――その正体と交路を求めて. 体育の科学, pp. 283-288.
佐久本　稔・篠崎俊子（1979）. 学校体育期の"運動嫌い"に関する研究(1). 福岡女子大学家政学部生活科学, 12：55-78.
桜井茂夫（1999）. 劣等感. 中島義明ほか編, 心理学辞典. 有斐閣, p. 898.
佐々木万丈（2004）. 4. 運動・スポーツ活動に参加する子どものストレス　(3)バーンアウト. 日本スポーツ心理学会編, 最新スポーツ心理学　その軌跡と展望. 大修館書店, p. 63.
佐々木万丈・須甲理生（2016）. 体育授業に対する劣等コンプレックスの因子的概念と児童生徒の主体的要因との関連. 体育学研究, 61：663-680.
Seligman, M. E. P., and Maier, S. F.（1967）. Failure to escape traumatic shock. *Journal of Experimental Psychology*, 74: 1-9.
Smith, R. E.（1986）. Toward a cognitive-affective model of athlete burnout. *Journal of Sport Psychology*, 8: 36-50.
スポーツ庁（2018）. 平成 29 年度全国体力・運動能力, 運動習慣等調査結果. http://www.mext.go.jp/sports/b_menu/toukei/kodomo/zencyo/1401184.htm,（参照日 2018 年 3 月 19 日）.
田中輝海・杉山佳生（2015）. バーンアウト傾向に及ぼすポジティブ感情の改善効果：問題焦点型コーピングを媒介変数として. 体育学研究, 60：479-488.
田尾雅夫・久保真人（1996）. バーンアウトの理論と実際　心理学的アプローチ. 誠信書房.
外山美樹（2011）. 行動を起こし, 持続する力　モチベーションの心理学. 新曜社. pp. 145-151.

## 第 6 章

阿江美恵子（2004）. 体育専攻女子大学生のジェンダー・パーソナリティ. スポーツ心理学研究, 31(2)：9-18.
阿江美恵子・遠藤俊郎・三宅紀子（2001）. 女らしさ・男らしさの認知について. 日本体育学会大会号, 52：234.
安نزن圭一郎・上地安昭・浅川潔司（1985）. 男性性・女性性・心理的両性性に関する研究（Ⅰ）――日本版 BSRI 作成の試み. 日本教育心理学会第 27 回総会発表論文集, pp. 484-485.
Andersen, M. B.（2002）. Helping College Student-Athletes In and Out of Sport. In Van

Raalte, J. L. and Brewer, B. W. (Eds.), *Exploring Sport and Exercise Psychology*. American Psychological Association, pp. 379-380.

Auweele, Y. V., Opdenacker, J., Vertommen, T., Boen, F., Niekerk, L. V., Martelaer, K. D., and Cuyper, B. D. (2008). Unwanted Sexual Experiences in Sport: Perceptions and Reported Prevalence among Flemish Female Student-Athletes. *International Journal of Sport & Exercise Psychology*, 6(4): 354-365.

Bem, S. L. (1974). The measurement of psychological androgyny. *Journal of Consulting and Clinical Psychology*, 42: 155-162.

Burke, K. L. (1986). Comparison of psychological androgyny within a sample of female college athletes who participate in sports traditionally appropriate and traditionally inappropriate for competition by female. *Perceptual and Motor Skills*, 63: 779-782.

Cazenave, N., Scanff, C. L., and Woodman, T. (2007). Psychological profiles and emotional regulation characteristics of women engaged in risk-taking-sports. *Anxiety, Stress, & Coping*, 20(4): 421-435.

コネル：多賀 太監訳（2008）．ジェンダーの最前線．(Connell, R. (2002). *Gender* (1st Edition). Polity Press Ltd.)

Crawford, J. (2006). *Transformation: Women, Gender, and Psychology*. Boston: McGraw-Hill.

マツモト・工藤力（1996）．日本人の感情世界――ミステリアスな文化の謎を解く．誠信書房．

電通（2015）．電通ダイバーシティ・ラボが「LGBT調査2015」を実施．http://www.dentsu.co.jp/news/release/2015/0423-004032.html．（参照日 2018 年 7 月 28 日）

Edwards, S. W., Gordin, JR. R. D., and Henschen, K. P. (1984). Sex-role orientation of Female NCAA Championship Gymnasts. *Perceptual and Motor Skills*, 58: 625-626.

Fasting, K., Brackenridge, C. H., and Sundgot-Borgen, J. (2000). The Norwegian women project. Females, elite sports and sexual harassment. Oslo: The Norwegian Olympic Committee and Confederation of Sports.

Fasting, K., Brackenridge, C., and Walseth, K. (2002). Consequences of sexual harassment in sport for female athletes. *The Journal of Sexual Aggression*, 8(2): 37-48.

Fasting, K., Brackenridge, C., and Walseth, K. (2007). Women athletes' personal responses to sexual harassument in sport. *Journal of Applied Sport Psychology*, 19: 419-433.

Fitzgerald, L. F. (1990). Sexual harassment: The definition and measurement of a construct. In M. A. Paludi (Ed.), *Sexual Harassment on College Campuses: Abusing The Ivory Power* (pp. 25-47). State University of New York.

Fitzgerald, L. F., Shullman, S. L., Bailey, N., Richards, M., Swecker, J., Gold, A., Ormerod, A. J., and Weitman, L. (1988). The incidence and dimensions of sexual harassment in academia and the workplace. *Journal of Vocational Behavior*, 32: 152-175.

福富 護（2006）．ジェンダー心理学の現状と課題．福富護編，ジェンダー心理学．朝倉書店，p. 8.

Gentry, W. J. and Doering, M. (1978). Sex role orientation and leisure. *Journal of Leisure*

Research, 11: 102-111.
Gruber, J. E. (1992). A typology of personal and environmental sexual harassment: Research and policy implications for the 1990s. *Sex Roles*, 26: 447-463.
Henderson, A. K. and Stalnaker, D. (1988). The relationship between barriers to recreation and gender-role personality traits for women. *Journal of Leisure Research*, 20: 69-80.
Hervik, S. E., and Fasting, K. (2004). The experiences of sexual harassment among Czech and Norwegian female sport students. Paper Presented at the Pre-Olympic Conference, Thessaloniki, Greece.
平井太佳子・杉原　隆（1992）．女子スポーツ選手における性役割の認識──性役割葛藤のスポーツ種目別検討．スポーツ心理学研究．19(1)：33-40.
Hirchman, C. E. (1984). Leisure motives and sex roles. *Journal of Leisure Research*, 16: 209-223.
飯田貴子・藤山　新・風間　孝・來田享子・藤原直子・吉川康夫（2016）．体育・スポーツ関連学部の大学生を対象としたスポーツと性的マイノリティに関する調査結果　第2報　性別，LGBTの知人の有無，競技レベルに着目して．スポーツとジェンダー研究，14：21-32.
井谷聡子・來田享子（2016）．スポーツとセクシュアリティ．日本スポーツとジェンダー学会編，データでみるスポーツとジェンダー．八千代出版，p.151.
伊藤裕子（1978）．性役割の評価に関する研究．教育心理学研究，26(1)：1-11.
伊藤裕子（2000）．ジェンダーの発達心理学．ミネルヴァ書房．
加藤秀一（2017）．はじめてのジェンダー論．有斐閣．
Kerr, G. and Stirling, A. (2013). Negotiating touch in the coach-athlete relationship. *Journal of Sport and Exercise Psychology*, 35, S94.
小出　寧（1998）．男と女の心理テスト．ナカニシヤ出版．
厚生労働省（2006）．「健康日本21」中間評価報告書案．https://www.mhlw.go.jp/shingi/2006/12/dl/s1226-8a.pdf（2018年7月31日）
熊安貴美江（2014）．スポーツにおける暴力／セクシュアル・ハラスメント：見えにくいハラスメントの現状と課題．女性学講演会，17：127-153.
マネー・タッカー：朝山新一・朝山春江・朝山耿吉訳（1979）．性の署名．人文書院．(Money, J., and Tucker, P. (1975). *Sexual Signatures on a Man or a Woman*. Little, Brown and Company)
マーティン・ヒューストン（2006）．ジェンダーを考える．上野千鶴子・宮台真司・齊藤環・小谷真理・鈴木謙介・後藤和智・山本貴光・吉川浩満・澁谷知美・ジェーンマーティン・バーバラヒューストン・山口智美・小山エミ・瀬口典子・長谷川美子・荻上チキ著．バックラッシュ！なぜジェンダーフリーは叩かれたのか？．双風舎．
Money, J., and Ehrhardt, A. A. (1972). *Man and Woman, Boy and Girl: The Differentiation and Dimorphism of Gender Identity from Conception to Maturity*. Baltimore: Johns Hopkins University.
森永康子（2006）．家族とジェンダー．福富護編，ジェンダー心理学．朝倉書店．

村松泰子(2003).学校教育とジェンダー:研究と実践の動向.学術の動向,8(4):36-40.
Muehlenhard, C. L., and Peterson, Z. D. (2011). Distiguishing Between Sex and Gender: History, Current Conceptualizations, and Implications. *Sex Roles*, 64: 791-803.
内閣府大臣官房政府広報室(2006).世論調査報告書平成18年8月調査 体力・スポーツに関する世論調査 集計表5(Q4)この一年間に行った運動・スポーツの種目.https://survey.gov-online.go.jp/h18/h18-tairyoku/4.html(参照日2018年7月31日)
内閣府男女共同参画局(2012).男女共同参画関係用語.http://www.gender.go.jp/about_danjo/glossary/glossary.html#sa,(参照日2018年5月2日).
日本性分化疾患患者家族連合会(2018).https://www.nexdsd.com/(2018年6月16日参照)
日本小児内分泌学会(2016).Webtext:性分化疾患の診断と治療.http://jspe.umin.jp/medical/files/webtext_170104.pdf(2018年6月16日参照)
西村久美子・山口泰雄(2003).運動・スポーツ非実施へいたるプロセス——中年期女性を事例として.スポーツ社会学研究,11:87-101.
ポンサピタックサンティ・ピヤ(2008).テレビ広告におけるジェンダーの役割の変容.日本ジェンダー研究,11:15-27.
Rintaugu, E. G., Kamau, J., Amusa, L. O., and Toriola, A. L. (2014). The forbidden act: Prevalence of sexual harassment among university female athletes. *African Journal for Physical, Health Education, Recreation and Dance*, 20: 974-990.
酒井博子(2004).医薬品・サプリメント・健康飲料のCMにみるジェンダー.女性学評論,18:135-136.
Sand, T. S., Fasting, K., Chroni, S., and Knorre, N. (2011). Coaching behavior: Any consequences for the prevalence of sexual harassment? *International Journal of Sports Science & Coaching*, 6: 229-241.
佐藤延子(1991).性差別社会とセクシャル・ハラスメント.大垣女子短期大学研究紀要,32:17-39.
白井久明(2009).セクシャル・ハラスメントの法律問題.大学体育研究,31:1-12.
杉原 隆(1984).性役割の認知に関する女子競技者と男子競技者の比較.昭和58年度日本体育協会スポーツ医・科学研究報告No.1 女子のスポーツ適性に関する研究第3報,pp.12-20.
スポーツ庁(2016).スポーツの実施状況等に関する世論調査(平成28年11月調査)集計表.http://www.mext.go.jp/sports/b_menu/toukei/chousa04/sports/1381922.htm(参照日2018年7月31日)
鈴木淳子(1997).レクチャー「社会心理学」Ⅲ 性役割〈比較文化の視点から〉.垣内出版.
鈴木淳子・柏木惠子(2006).ジェンダーの心理学.培風館.
関 めぐみ(2016).競技スポーツとジェンダー.日本スポーツとジェンダー学会編,データでみるスポーツとジェンダー.pp.20-21.
高峰 修(2011).女性スポーツとセクハラ—スポーツ環境におけるセクシュアル・ハラスメント認識の特徴から.体育科教育,59(12):34-37.
田中堅一郎(2006).職場でのセクシャル・ハラスメントに関する心理学的研究の動向.日

本大学大学院総合社会情報研究科紀要,7:493-504.
田中貴子(1998).古典国語文学における「性」をめぐって.現代のエスプリ,366:137-145.
Taylor, R. L., and Hamilton, J. C. (1997). Preliminary evidence for the role of self-regulatory processes in sensation seeking. *Anxiety, Stress, and Coping*, 10: 351-375.
上野千鶴子(2006).ジェンダー概念の意義と効果.学術の動向,11(11):28-34.
ファンデンボス:繁桝算男・四本裕子監訳(2013). APA心理学大辞典.培風館.(VandenBos, G. R. (2007). *APA Dictionary of Psychology*. the American Psychological Association (APA))
Volkwein, K. A. E., Schnell, F. I., Sherwood, D., and Livezey, A. (1997). Sexual Harassment in Sport. *International Review for The Sociology of Sport*, 32: 283-295.
Wilinski, W. (2012). Gender identity in female football players. *Human Movement*, 13(1): 40-47.
Williams, J. E., and Best, D. L. (1990). *Measuring Sex Stereotypes* (revised edition). SAGE PUBLICATIONS.
八木 透(2007).民俗学におけるジェンダー研究と近代家族.文学部論集,91:73-84.
山口智美(2006).「ジェンダー・フリー」論争とフェミニズム運動の失われた10年.上野千鶴子・宮台真司・齊藤 環・小谷真理・鈴木謙介・後藤和智・山本貴光・吉川浩満・澁谷知美・ジェーンマーティン・バーバラヒューストン・山口智美・小山エミ・瀬口典子・長谷川美子・荻上チキ著,バックラッシュ!なぜジェンダーフリーは叩かれたのか?.双風舎.
Yorganci, I. (1993). Preliminary findings from a survey of gender relationships and sexual harassment in sport. In C. Brackenridge (Ed.), *Body Matters: Lesure Images and Lifestyle*. Eastbourne: Lesure Studies Association.
Yorganci, I. (1994). Gender, sport and sexual harassment. Unpublished doctoral thesis, Chelsea School, University of Brighton.

## 第7章

相川 充(2000).人づきあいの技術.サイエンス社.
Al-Yaaribi, A., Kavussanu, M., and Ring, C. (2016). Consequences of prosocial and antisocial behavior for the recipient. *Psychology of Sport and Exercise*, 26: 102-112.
Anshel, M. H. (2012). *Sport Psychology: From Theory to Practice* (5th ed.). Benjamin Cummings.
バス:大渕憲一監訳(1991).対人行動とパーソナリティ.北大路書房.(Buss, A. H. (1986). *Social Behavior and Personality*. Lawrence Erlbaum Associates)
ベネッセ教育総合研究所(2017).第3回学校外教育活動に関する調査2017(データブック).https://berd.benesse.jp/shotouchutou/research/detail1.php?id=5210,(最終参照日 2018年8月7日).
Bruner, M. W., Boardley, I. D., and Côté, J. (2014). Social identity and prosocial and antisocial behavior in youth sport. *Psychology of Sport and Exercise*, 15: 56-64.

Connelly, D., and Rotella, R. J. (1991). The social psychology of assertive communication: Issues in teaching assertiveness skills to athletes. *The Sport Psychologist*, 5: 73-87.

Danish, S. J. (2002). *SUPER (Sports united to Promote Education and Recreation) program: Leader Manual and Student Activity Book* (3rd ed.). Life Skills Center, Virginia Commonwealth University.

Danish, S. J., and Hale, B. D. (1981). Toward an understanding of the practice of sport psychology. *Journal of Sport Psychology*, 3: 90-99.

Danishi, S. J., Pettipas, A. J., and Hale, B. D. (1990). Sport as a context for developing competence. In Gullotta, T., Adams, G., and Monteymar, R. (Eds.), *Developing Social Competency in Adolescence* (Vol. 3). Sage, pp. 169-194.

Heckman, J. J. (2013). *Giving kids a fair Chance*. Boston Review.

経済協力開発機構（OECD）（2018）．社会情動的スキル．明石書店．

小林寛道・脇田裕久・八木規夫（1990）．幼児の発達運動学．ミネルヴァ書房．

Lazarus, R. S. and Folkman, S. (1984). *Stress, Appraisal, and Coping*. Springer Publishing Company.

Levent, I. E., Kaan, E. O., Burçak, C. O., Aynur, Y., and Gönül, D. (2017). Examination of social skill levels of the badminton players. *Science, Movement and Health*, 17(2): 108-114.

Miller, S. M. (1980). When is a little information a dangerous thing?: Coping with stressful life-events by monitoring vs. blunting. In Levine, S., and Ursin, H. (Eds.), *Coping and Health*. Plenum Press, pp. 145-169.

Morris, T. (1997). Psychological Skills Training in Sport. The National Coaching Foundation. p. 24.

Mullen, B., and Suls, J. (1982). The effectiveness of attention and rejection as coping styles: a meta-analysis of temporal differences. *Journal of Psychosomatic Research*, 26 (1): 43-49.

村上貴聡・徳永幹雄・橋本公雄（2001）．スポーツ選手のライフスキル獲得に関する研究．日本体育学会大会号，52，p. 249.

村上貴聡・徳永幹雄・橋本公雄（2004）．青少年の健康生活スキルとスポーツ活動経験との関連．体育測定評価学研究，3：7-19.

永井洋一（2004）．スポーツは「良い子」を育てるか．日本放送出版協会．

日本学術会議（2011）．提言　子どもを元気にする運動・スポーツの適正実施のための基本方針．http://www.scj.go.jp%2Fja%2Finfo%2Fkohyo%2Fpdf%2Fkohyo-21-t130-5-1.pdf（最終参照日 2018 年 8 月 7 日）

西田　保・佐々木万丈・北村勝朗・磯貝浩久・渋倉崇行（2014）．スポーツ活動における心理社会的効果の日常生活への般化．総合保健体育科学，37：1-11.

Papacharisis, V., Goudas, M., Danis, S. J., and Theodorakis, Y. (2005). The effectiveness of teaching life skills program in a sport context. *Journal of Applied Sport Psychology*, 17: 247-254.

Papacharisis, V., Theofanidis, G., and Danish, S. (2007). Education through the physical:

The effectiveness of teaching life skills program in physical education. *Motivation of Exercise and Physical Activity*, pp. 67-77.

Petitpas, A., Van Raalte, J. L., Cornelius, A. E., and Persbrey, J. (2004). A life skills development program for high school student-athletes. *The Journal of Primary Prevention*, 24(3): 325-334.

Roth, S., and Cohen, L. J. (1986). Approach, avoidance, and coping with stress. *American Psychologist*, 41: 813-819.

佐々木万丈・西田　保・北村勝朗・磯貝浩久・渋倉崇行（2014）．スポーツ活動による心理社会的効果と般化及びその促進要因．第65回日本体育学会・体育心理学専門領域・ポスター発表資料．

渋倉崇行・西田　保・佐々木万丈・北村勝朗・磯貝浩久（2018）．高校運動部活動における心理社会的スキルの日常生活への般化：3時点での交差遅れ効果モデルによる検討．体育学研究（早期公開：公開日2018年7月5日）．

渋倉崇行・佐々木万丈（2013）．幼少年のライフスキルを育成するスポーツプログラムの作成と実施，及びその効果検証．SSFスポーツ政策研究，2(1)：194-203．

島本好平・石井源信（2009）．体育授業におけるスポーツ経験がライフスキルの獲得に与える影響．スポーツ心理学研究，36(2)：127-136．

杉山佳生（2004）．第4章　スポーツとライフスキル．日本スポーツ心理学会編，最新スポーツ心理学　その軌跡と展望．大修館書店．pp. 69-78．

杉山佳生（2006）．ライフスキル．日本体育学会監修，最新スポーツ科学事典．平凡社，p. 829．

杉山佳生・渋倉崇行・西田　保・伊藤豊彦・佐々木万丈・磯貝裕久（2010）．体育授業における心理社会的スキルとライフスキルを測定する尺度の作成．健康科学，32：77-84．

上野耕平（2006）．運動部活動への参加による目標設定スキルの獲得と時間的展望の関係．体育学研究，51：49-60．

上野耕平（2007）．運動部活動への参加を通じたライフスキルに対する信念の形成と時間的展望の獲得．体育学研究，52：49-60．

上野耕平・中込四郎（1998）．運動部活動への参加による生徒のライフスキル獲得に関する研究．体育学研究，43：33-41．

内海和雄（2001）．部活動改革．不昧堂出版．pp. 36-37．

ファンデンボス：繁桝算男・四本裕子監訳（2013）．APA心理学大辞典　向社会的行動．培風館，p. 265．(VandenBos, G. R. (2007). *APA Dictionary of Psychology*. The American Psychological Association)

Weiss, M. R., and Duncan, S. C. (1992). The relationship between physical competence and peer acceptance in the context of children's sports participation. *Journal of Sport and Exercise Psychology*, 14: 177-191.

WHO (1993). Life skills education for children and adolescents in schools. Introduction and guidelines to facilitate the development and implementation of life skills programmes. pp. 1-49.

# 人名索引

**あ 行**

アイゼンク　2
朝山　108
アトキンソン　45, 46, 55
アドラー　98
アリストテレス　2
エアハート　107, 108
エンペドクレス　1

**か 行**

ガニエ　62
ガレノス　1, 2
ククラ　46

**さ 行**

サッフォー　106
シンガー　65
スピルバーガー　25-27
スミス　28, 95, 101
セリエ　30, 31
セリグマン　88, 90

**た 行**

デカルト　2
デシ　44
デニッシュ　148
ドゥエック　49, 50

ド・シャーム　100

**な 行**

ニコルス　49

**は 行**

バンデューラ　48
人見絹枝　111
ヒポクラテス　1
フォルクマン　32, 36, 146
プラトン　2
フロイデンバーガー　90
ヴント　4, 5
ヘックマン　142
ベム　116, 117, 120
ホームズ　30, 31

**ま 行**

マーティン　27, 28
マスラック　91, 93, 94
マズロー　41
松井三雄　13
マネー　107, 108

**ら 行**

ラー　30, 31
ライアン　44

ラザルス　32, 36, 137, 146
レイサム　55
ロック　2, 55
ロッター　100

わ 行

ワイナー　46

# 事項索引

## あ行

あがり　33
アクティベーション効果　37, 39
アスリート・バーンアウト調査票（Athlete Burnout Questionnaire）　93
アスレティックアイデンティティ　96
アンケート調査　8
安全の欲求　42
アンダーマイニング効果　43, 54
安定性　46
アンドロジニー　116
意識的経験　4
意志決定　135
異性愛　106
1次評価　32
一括フィードバック　77
因果関係　6, 7
因子分析　9
インターセックス（intersex）　107
インターネット調査　6
運動学習　22, 62, 63, 68, 70, 77, 83
運動技術　63, 66, 67, 69, 74
運動技能　63, 66, 67, 69, 71, 72, 74, 79, 130
運動嫌い　22, 81, 83-87, 90, 98-100
運動行動変容　121
運動再生過程　48
運動スキル　20, 130, 139, 144
運動選手のバーンアウト尺度（Athletic Burnout Inventory）　93
運動の動きに関する知識（knowledge of performance）　76
運動の結果に関する知識（knowledge of result）　76
男らしさ　104
オリジン　100
女らしさ　104

## か行

回帰分析　9
外在フィードバック　75-77, 79
ガイダンス仮説　77
外的調整　44
外的な統制　100
ガイドライン　126
外発的動機づけ　43-45
開放技能　63-65, 73
会話スキル　140
科学性　5
化学的ストレッサー　30
科学的な探求　4
学習　4, 61-63, 66-71, 77, 84, 85, 89, 104, 141
学習曲線　67
学習性無力感（learned helplessness）　22, 89-91, 100
学習目標　50, 52
覚醒　28
覚醒水準　28, 29, 37, 38, 40
隠れたカリキュラム　110

仮説検証型　10
仮説生成型　10
課題関与　50
課題志向性　20, 21, 51
課題目標　50, 152
価値の内在化　44, 58
環境型　123, 126
関係性の欲求　44
観察　4-7, 8, 23, 48, 61
観察学習　48, 87
間性　107
観念　4
気質　2
技術　63, 70, 74
記述統計　8
帰属因　46
期待×価値モデル　46
期待価値理論　46
技能　18, 63-65, 70, 71, 73-75, 77, 129
基本的欲求　41
逆U字曲線　28
逆U字の関係　55
逆U字理論　28
吸息　39
強化機能　75, 76
共感性　136
競技状態不安　32, 33
競技状態不安尺度（Competitive State Anxiety Inventry-2）　27
競技特性不安　33
競技不安　27
恐怖　25
共分散構造分析　9
クイア　107
クイア研究（queer studies）　107
グラウンデッドセオリーアプローチ（Grounded Theory Approach）　9
クラスター分析　9
ゲイ（gay）　106, 107, 127, 128

傾聴スキル　140
系列技能　63, 65
結果予期　21
欠乏欲求　42
原因帰属理論　46, 47, 101
嫌悪の起源　84
言語的ハラスメント　123
言語的メッセージ　76
検定　8
効果　129-134, 141-143, 148, 151
効果的コミュニケーション　136
交感神経　26, 39, 59
高原現象　68
向社会的行動（prosocial behavior）　140, 145, 146
高所恐怖症（acrophobia）　128
肯定的感情　29, 90
肯定的結果予期　21
行動主義　4, 5
行動主義心理学　5
公民権運動　103
効力予期　48
コーピング　138
国際スポーツ心理学会　12, 14
固執の態度　92
個人成就感　93
個人的達成感の後退　91, 93
個人内評価　52
呼息　38, 39
固定理論　50
コミュニケーション・スキル　140
コミュニケーション能力　144, 151, 152
コンピテンシー　21

さ 行

再現性　72, 77, 78
参加観察　6
ジェンダー　22, 34, 103-105, 110, 111,

115, 116, 120-122, 127, 128
ジェンダー・アイデンティティ（gender identity）　104, 107
ジェンダー化　108, 109
ジェンダー・ステレオタイプ（gender stereotype）　108-110, 122
ジェンダー・マイノリティ　107
ジェンダー・ロール（gender role）　104, 108-110, 116
自我関与　50, 58
視覚的ハラスメント　123
自我志向性　20, 21, 51
自我同一性　108
自我目標　50
時間的切迫　19
自己意識　136
自己決定理論　44
自己効力　48, 57-59
自己効力感　48, 152
自己効力の低下　90
自己実現の欲求　42
自己調整　44, 79
自己洞察　108
自己有能感　48
思索　4, 5, 8
自信　27, 32, 33, 35
自然的観察　5
実験　4-7, 18, 19
実験群　7
実験心理学　4
実験的観察　5
実証性　5
実証的　4, 15, 18
質的（記述）データ　22
質的研究　8-10, 15
質的調査　8
質的データ　8
質的フィードバック　78
失敗回避動機　45, 46

失敗恐怖　27
質問紙調査　15, 23
社会情動的スキル（socio-emotional skills）　142
社会的・文化的な性のありよう　105
社会的学習理論　48
社会的技能　138
社会的再適応評価尺度　30, 31
社会的スキル　138, 139, 143-146, 152
社会的プレッシャー　33
社会的問題解決スキル　139
尺度調査　8
重回帰分析　9
集合調査　6
修正版グラウンデッドセオリーアプローチ　15
従属変数　7, 9
集中的練習法　69
集中法　69, 70
終末フィードバック（terminal feedback）　77, 78
熟達（マスタリー）型　50
熟達重視の授業雰囲気　21
熟達雰囲気　20
熟達目標　50, 57, 58
主張性スキル　139, 144, 150
小筋運動技能　63, 64
成就感の後退　93
状態不安　26, 27
情緒的消耗感　91, 93
情緒的・身体的消耗感　93
情動焦点型　146
情動中心の対処　32, 36, 146
情動への対処　137
承認の欲求　42
情報機能　75
女性型　116, 119
女性性　104, 108, 116, 118, 120, 121
所属と愛の欲求　42

自律訓練法　38
自律神経　37, 39
自律神経系　26, 59
人格　2
心身二元論　3
心身問題　3
身体的ハラスメント　123
身体的不安　27, 32, 33, 37
心理社会的効果　143, 151-153
心理社会的スキル　142-144, 148-152
心理社会的ストレス　52
心理社会的ストレッサー　30
心理社会的能力　135, 142, 153
心理的スキル　37, 142, 143
心理的ストレス反応　126
心理的な勢い　23, 24
心理的なストレス反応　39
心理的能力　130, 143
心理的プレッシャー　18, 19
遂行曲線　66-69
遂行目標　50
随伴性　89, 100, 152
随伴性認知　89
ストレス　22, 25, 30-32, 34, 36, 101, 135-137, 148
ストレス過程　34
ストレス状態　30, 32, 34, 101
ストレス対処スキル　146
ストレスの認知的評価理論　32
ストレス反応　30-32, 34, 35, 39, 40, 96, 101
ストレスへの対処　137, 138
ストレス・マネジメント　39, 40
ストレッサー　30-32, 34-36, 39, 40, 95, 101, 126
スポーツ価値の引き下げ　93
スポーツ心理学研究　14
スポーツ心理学の定義　11
スランプ（slump）　68, 69, 96

性格　2
生活の質（quality of life）　141
成功動機　45, 46
性自認（gender identity）　104, 107-109, 119, 127
成績重視の授業雰囲気　21
成績雰囲気　20
成績目標　50, 57, 58
成長欲求　42
性的指向　105-107
性的マイノリティ　107
性同一性　104, 108
性に関わる科学　103
正の転移　71
生物学的性　104
生物学的な性　109, 116
生物的ストレッサー　30
性分化　107
性分化疾患　107
性役割（gender role）　33, 104, 108, 116, 120-122
性役割葛藤　121
性役割タイプ　117-119
生理的欲求　42
セクシュアリティ（sexuality）　105
セクシュアル・ハラスメント　34, 122-127
セクシュアル・マイノリティ（sexual minority）　107, 127
セックス（sex）　104, 105
漸減フィードバック　77
全習法　72-74
漸進的筋弛緩法　38
相関分析　9
創造的思考　135
増大理論　50
即時フィードバック（immediate feedback）　77, 78

事項索引

## た 行

体育学研究　14, 15
体育研究所　13
体育心理学　13, 14
対価型　123
大学生スポーツ競技者版バーンアウト尺度
　　(Burnout Scale for University
　　Athlete)　93
大筋運動技能　63, 64
対処行動（coping）　32, 35, 36, 40, 96,
　　101, 102, 126, 138, 139, 146, 148
対人葛藤解決スキル　139
対人関係スキル　136
託送調査　6
脱人格化　91-93
達成目標　49-51
達成目標理論　49, 57
多変量解析　9
多様性　103, 127
短期目標　56
男性型　116, 117, 119
男性性　104, 108, 116, 118, 120, 121
遅延フィードバック（delayed feedback）
　　77, 78
知能観　50
知能指数　142
注意過程　48
中央値　8
長期目標　56
調査　5, 6
哲学的な探求　4
転移　71, 72, 143
天井効果　68
電話調査　6
同一化的調整　44
動機　46
動機づけ　11, 20-22, 24, 41-43, 48, 51,
　　53-55, 57-59, 68, 69, 73, 75, 76, 84, 85,
　　89, 90, 96, 98, 99, 116, 126
動機づけ過程　48
動機づけ機能　75
動機づけ雰囲気　20, 51
統合的調整　44, 45
動作の再現　71
同時フィードバック（concurrent
　　feedback）　76
同性愛　106, 128
統制可能性　100
統制可能性の認知　89
統制群　7
統制的観察　5
統制の位置　46
統制の所在　100
統制不可能性　90, 91
統制不可能性の認知　90
闘争か逃走か　59
動物嫌い（zoophobia）　128
特性不安　7, 20, 26-28
独立変数　7, 9
度数分布　8
トランスジェンダー（transgender）
　　106, 107, 127, 128
トランスフォビア　128
取り入れ的調整　44

## な 行

内観　4
内在化　44
内在フィードバック　75, 77, 79
内的な統制　100
内発的動機づけ　16, 21, 22, 43-45, 54
2次評価　32
日本スポーツ心理学会　14
日本体育学会　13, 14
認知情報処理　16-18
認知心理学　5

認知スキル　20
認知的スキル　38, 142
認知的なスキル　130, 134
認知的な対処　37
認知的評価（cognitive appraisal）　26, 27, 32, 35, 36, 40, 96, 101
認知的評価理論　137
認知的不安　27, 32, 33

は　行

バーンアウト（burnout）　15, 16, 22, 81, 90-96, 98, 101, 102
バーンアウト測定尺度（Maslach's Burnout Inventory）　91
バイセクシュアル（bisexual）　106, 107, 128
配票（留め置き）調査　6
バイフォビア　128
パネルデータ分析　152
パフォーマンス　6, 7, 18-20, 24, 27-29, 34, 37, 39, 55, 58, 59, 61-63, 66-73, 126, 130, 134, 144-146, 148, 153
ハラスメント　35
般化　141-143, 148-153
半構造化面接　15
反社会的行動（antisocial behavior）　145
判別分析　9
非言語的メッセージ　76
非参加観察　6
非随伴性　90, 91
非随伴性認知　89
否定的感情　29, 90
否定的結果予期　21
非統制的観察　5
非認知的スキル（non-cognitive skills）　142
非認知的能力（non-cognitive abilities）　142
批判的思考　136
標準偏差　8
不安　22, 25-28, 33, 34, 37, 40
フィードバック　26, 55, 64, 70, 74-79
フェミニズム運動　103, 114
フェミニニティ　104
フォビア（phobia）　128
付加的フィードバック　75
副交感神経　39, 59
腹式呼吸　6, 7
腹式呼吸法　38
物理的ストレッサー　30
負の転移　71
プラトー（plateau）　68, 73
プレッシャー　6, 18-20, 136
ブロック練習　70-72
分化概念　49, 50
文化的・社会的な性　104
分散　8
分散効果　69
分散の練習法　69
分散分析　8
分散法　69, 70
分習法　72-74
文脈干渉効果　71, 72
分離技能　63, 65
平均　8
平均フィードバック　77
閉鎖技能　63-65, 73
ヘテロセクシュアリティ（heterosexuality）　106
ポーン　100
保持　71, 72, 78
保持過程　48
ポジティブ感情　15, 16
ホモ　106
ホモセクシュアリティ（homosexuality）　106, 128

事項索引

ホモネガティヴィズム　128
ホモフォビア　128

ま 行

マインドフルネス　15, 16
マスキュリニティ　104
未分化概念　49, 50
未分化型　116, 119
無力感型　50
面接調査　6, 15
メンタルスキル　39, 40
目標志向性　20, 21, 50, 51
目標設定　54-56, 149
目標設定理論　55
モデリング　48, 87
問題解決　135, 149
問題焦点型　146
問題中心の対処　32, 36, 146

や 行

ヤーキーズとドットソンの実験　28
役割葛藤　91
誘意性　84
誘因　42, 43, 52
友情形成スキル　140
郵送調査　6
有能さへの欲求　44
誘発性　84
床効果　68
ヨーロッパ・スポーツ心理学会　11
欲求　41-44, 52
4つの情報源　48
四気質論　1, 2

ら 行

ライフイベント　30

ライフスキル（life skills）　22, 134, 135, 137-143, 148-151
ライフスキルプログラム　149, 150
ランダム練習　70-72
両性愛　106
両性具有型　116, 118-120, 122
量的研究　8, 10
量的調査　8
量的データ　8
量的フィードバック　78
リラクセーション効果　38
レズビアン（lesbian）　106, 107, 127, 128
劣等感（inferiority feeling）　86, 87, 90, 98, 99
劣等コンプレックス（inferiority complex）　98, 99
劣等性　99
練習順序のランダム化　72
連続技能　63, 65

わ 行

割合（パーセント）　8

アルファベット

ABI　93
ABQ　93
Bem Sex Role Inventory　116
BSRI　116, 120, 121
gender　104
GTA　9
IQ　142
KJ法　9, 15
KP　76
KR　76
LGBT　105, 107, 121, 127, 128
LGBTIQ　107

LGBTQ　107
MBI　91
QOL　141
SAS（sport anxiety scale）　28

SCAT（sport competition anxiety test）　28
$t$ 検定　8
$\chi^2$ 検定　8

**著者紹介**

1959 年生まれ。名古屋大学大学院教育発達科学研究科修了。中学校教員，高等専門学校教授を経て現職は日本女子体育大学教授。博士（心理学）（名古屋大学）。研究テーマはスポーツ行動における認知と情動，体育の授業における心理的ストレス過程。著書に『スポーツモチベーション』（分担執筆，2013，大修館書店），『スポーツ心理学事典』（分担執筆，2008，大修館書店），『最新スポーツ科学事典』（分担執筆，2006，平凡社）などがある。

---

## 基礎から学ぶスポーツの心理学

2019 年 3 月 20 日　第 1 版第 1 刷発行
2024 年 8 月 20 日　第 1 版第 4 刷発行

著　者　佐々木　万　丈

発行者　井　村　寿　人

発行所　株式会社　勁草書房

112-0005 東京都文京区水道 2-1-1　振替 00150-2-175253
　（編集）電話 03-3815-5277／FAX 03-3814-6968
　（営業）電話 03-3814-6861／FAX 03-3814-6854
大日本法令印刷・中永製本

ⓒSASAKI Banjou　2019

ISBN978-4-326-25134-6　Printed in Japan

〈出版者著作権管理機構　委託出版物〉
本書の無断複製は著作権法上での例外を除き禁じられています。複製される場合は，そのつど事前に，出版者著作権管理機構（電話 03-5244-5088，FAX 03-5244-5089，e-mail: info@jcopy.or.jp）の許諾を得てください。

＊落丁本・乱丁本はお取替いたします。
　ご感想・お問い合わせは小社ホームページからお願いいたします。

https://www.keisoshobo.co.jp

山田憲政
## スポーツ心理学 3630 円
最高のパフォーマンスを発揮する「心」と「動き」の科学

大橋恵・藤後悦子・井梅由美子
## ジュニアスポーツコーチに知っておいてほしいこと 2200 円

子安増生 編著
## アカデミックナビ 心理学 2970 円

リチャード・H・スミス 著 澤田匡人 訳
## シャーデンフロイデ 2970 円
人の不幸を喜ぶ私たちの闇

金築智美 編著
## 自己心理学セミナー 2200 円
自己理解に役立つ13章

菅野恵
## 福祉心理学を学ぶ 2860 円
児童虐待防止と心の支援

幸田達郎
## 基礎から学ぶ産業・組織心理学 2970 円

山田一成・池内裕美 編著
## 消費者心理学 2970 円

アレックス・ラインハート 著 西原史暁 訳
## ダメな統計学 2420 円
悲惨なほど完全なる手引書

―――― 勁草書房刊

＊表示価格は2024年8月現在。消費税（10％）を含みます。